高校跨境电子商务人才培养研究

王晴岚 ◎ 著

九 州 出 版 社
JIUZHOUPRESS

图书在版编目（CIP）数据

高校跨境电子商务人才培养研究 / 王晴岚著.

北京：九州出版社，2025.1. -- ISBN 978-7-5225

-3586-9

Ⅰ. F724.6

中国国家版本馆 CIP 数据核字第 2025V3456U 号

高校跨境电子商务人才培养研究

作　　者	王晴岚　著	
责任编辑	云岩涛	
出版发行	九州出版社	
地　　址	北京市西城区阜外大街甲 35 号（100037）	
发行电话	（010）68992190/3/5/6	
网　　址	www.jiuzhoupress.com	
印　　刷	定州启航印刷有限公司	
开　　本	710 毫米 ×1000 毫米　　16 开	
印　　张	13.25	
字　　数	200 千字	
版　　次	2025 年 1 月第 1 版	
印　　次	2025 年 1 月第 1 次印刷	
书　　号	ISBN 978-7-5225-3586-9	
定　　价	78.00 元	

前　言

随着网络技术的不断发展，企业借助网络平台将商务活动拓展到了世界范围，跨境电子商务由此产生。跨境电子商务的出现为商贸活动注入了新鲜的血液，它突破了地域之间的障碍，丰富了贸易的形式，引起了世界经济贸易的巨大变革。

作为跨境电子商务的技术支撑，互联网技术的创新发展推动了跨境电子商务的不断发展。跨境电子商务行业的新理念、新业态、新模式不断涌现，跨境电子商务的内涵不断丰富，类型不断多样化。

近年来，我国跨境电子商务取得了良好的发展成效，对经济增长的贡献率不断提升，如何实现跨境电子商务产业的优化升级，促进跨境电子商务的进一步发展也成了我国政府与学术界关心的问题。产业的发展需要以人才为基础，跨境电子商务也不例外。虽然我国跨境电子商务产业的发展取得了显著的成效，但是跨境电子商务人才的培养相对滞后，造成跨境电子商务产业存在一定的人才缺口，亟需具有较高综合素质的应用型人才加以补充。

人才培养对于跨境电子商务行业的发展意义重大，国家十分重视跨境电子商务人才培养，高校给予了跨境电子商务人才培养充分的支持与保障。跨境电子商务专业具有较强的实践性，这就要求在跨境电子商务人才培养的过程中，不仅要重视理论知识教学，还要重视对于学生实践技能的培养与提升。本书首先对电子商务的内涵和发展历程进行了详细的阐述，然后介绍了跨境电子商务的相关概念和我国跨境电子商务的发展状况，接下来分析了高校跨境电子商务人才培养的理论基础、目标与意义，介绍了我国高校跨境电子商务人才培养的现状与可提升空间，并从构建完善的高校电子商务课程及评价体系、深化高校跨境电子商务产教融合和加强高校跨境电子商务师资队伍建设几个方面对跨境电子商务人才培养进行了详细的分析。

鉴于著者水平有限，书中难免存在一些疏漏，敬请各位同行及专家、学者予以斧正。

目 录

第一章　电子商务概述

第一节　电子商务的概念与内涵

一、电子商务的概念

（一）国际组织与企业对电子商务的定义

1. 国际组织的观点

（1）世界电子商务会议对电子商务的定义。1997年，在法国巴黎举办的世界电子商务会议认为，电子商务是电子化的贸易活动，而且是不同的商业行为主体通过电子的方式进行商业交易，不是传统的面对面直接交易。从技术层面来说，电子商务活动是一种多技术的集合体，包括交换数据（如电子邮件电子数据）、获取数据（共享数据库、电子公告牌）以及自动捕获数据（条形码）等。

（2）世界贸易组织对电子商务的定义。世界贸易组织认为，电子商务就是通过电子的方式进行商业贸易活动，包括商品与服务的生产、销售、营销与流通等。世界贸易组织对于电子商务概念的界定，是从商业活动的整个过程出发，强调交易与沟通媒介的电子化。

（3）经济合作与开发组织对电子商务的定义。经济合作与开发组织认为，电子商务是现代网络之间广泛联系与传统信息技术系统具备丰富资源背景下，产生的一种动态商务活动。经济合作与开发组织对于电子商务的定义，强调网络联系的发展对于商业活动的巨大推动作用。

（4）国际标准化组织对电子商务的定义。国际标准化组织是标准化领域一个国际性非政府组织，国际标准化组织负责世界上绝大部分领域的标准化活动。国际标准化组织将电子商务当作一种通用术语来看待，认为电子商务主要针对的是企业之间、企业与消费者之间信息内容与需求的交换。

国际标准化组织对于电子商务的定义具有很强的概括性，将电子商务看作一种通用术语，既肯定了电子商务作用的普遍性，也体现了电子商务的全球性意义。

2. 企业的观点

（1）国际商业机器公司（IBM）对电子商务的理解。IBM 对电子商务的理解不局限于通过互联网进行交易活动，而是从更广义的角度对电子商务进行定义，强调的是网络环境下的商业化应用，而且这种商业化应用不仅仅包含商品交易活动，还包括一系列商业组织运营体系的构建与商业服务。

IBM 认为，电子商务是把各个商业贸易活动的主体在各层级、各类型的网络上结合起来的应用，强调买卖双方、厂商、贸易合作伙伴以及物流服务等各商业活动参与者在网络与信息技术下的完美结合。这种结合是商业活动的各个参与方通过网络技术实现的高效率良性互动，是将商业活动网络化、信息化，而不是单纯地将网络作为商品交易的途径。

IBM 还将电子商务用公式表达了出来，即"电子商务 = 信息技术 + 网络联系 + 商贸业务"。从这个公式中可以看出，IBM 强调电子商务的全面性和系统性，认为电子商务是一个涵盖范围较广的概念，不仅包括商业活动，还包括与之相关的网络技术领域，是一个网络信息技术发展催生出的复杂且完整的商业活动系统。[①]

---

① 　李婷. 电子商务概论 [M]. 上海：华东理工大学出版社，2010：196.

（2）惠普公司对电子商务的理解。惠普公司认为，电子商务就是通过电子化的手段来进行商业贸易活动的一种方式，从售前服务到售后支持的各个环节均实现电子化。

惠普公司对电子商务的定义是从电子商务的狭义概念出发的，认为电子商务在本质上仍然是一种商品和服务的交易方式，只是交易手段在网络信息时代的大背景下产生了革命性变化。惠普公司对电子商务定义的特点是精准、干练，明确自身对电子商务的认识，使电子商务活动的开展具有明确的指向性。

（3）英特尔（Intel）公司对电子商务的理解。英特尔公司认为，电子商务是基于网络连接的不同计算机之间建立的商业活动运作机制，是利用信息技术与网络技术实现的商业活动电子化，具体来说就是企业之间或企业与消费者之间通过网络连接进行交易活动，包括商品介绍、产品订购、售后服务等。

英特尔公司对于电子商务的定义同样强调商业活动的整体性，且明确界定了电子商务与电子交易的区别。英特尔公司将电子商务看作一种基于网络信息技术的商业运作体系，而电子交易只是这个体系中的组成部分之一，是企业与企业之间或者企业与消费者之间使用互联网进行的交易活动。

（二）广义与狭义的电子商务概念

在电子商务领域，人们常用两个名词来描述电子商务，分别是 E-commerce 与 E-business。E-commerce 与 E-cusiness 均含有电子商务之意，两者之间的区别即电子商务概念的狭义与广义之分。

1997 年，在法国巴黎举办的世界电子商务会议明确了 E-commerce 的含义，认为 E-commerce 指的是实现贸易过程中各个阶段的电子化。这一定义对 E-commerce 的各个要素，包括范围、途径、对象等进行了明确，同时明确了电子商务的具体含义，将其范围限定在电子交易领域，也就是狭义的电子商务。

关于狭义的电子商务，不同主体有不同的观点，但总体来看，各主体对于狭义电子商务的理解大同小异，只是在侧重点和描述方式上略有不同。狭义的电子商务主要指的是利用计算机网络技术进行交易的商贸活动。

相比于 E-commerce，E-business 涵盖的范围更广，也是当前较为通用的电子商务概念。E-business 指的是充分利用网络信息技术，实现商业领域业务流程的电子化。E-business 不仅包含了 E-commerce 网络交易领域的业务流程，还包括企业内部的业务流程以及网络商业信息交流与互动，如企业内部的管理信息系统、客户关系管理、供应链管理、网上市场调研、市场行情分析、人力资源管理、发展战略规划、财务管理以及面向世界范围的商业信息交流与互动等。①

E-commerce 聚焦于电子交易，而 E-business 则强调商业活动的电子化，相比于 E-commerce，E-business 涵盖的范围要大很多，既包括企业与消费者之间的商品、服务交易与信息交流，也包括其他参与商业活动主体之间的商业互动行为，如网上结算、网络炒股、信息查询、数据管理等。随着时代的发展，电子商务的新形势、新业态不断出现，必将推动电子商务内涵进一步完善与发展。

从上文介绍的各个主体对于电子商务的定义可以看出，大部分主体是从广义的角度阐释电子商务的概念，即认为电子商务是一个建立在网络技术基础之上的商业活动体系的总称。惠普公司是较为典型的选择从狭义的角度出发观察电子商务的主体，惠普公司虽然将电子商务的概念限定在电子交易与网络贸易的范围内，但是其提出了一系列相关概念，补充说明了电子化世界的组成要素。由此观之，惠普公司并不是将电子商务的概念限定在某一具体领域，而是将电子商务的概念细化，并使之成为电子化世界的重要组成部分。

本书在考察电子商务的概念时，选择从广义的角度入手，突出电子贸易这一重点内容。换言之，在本书中，电子商务是指人们以信息技术与网络联系为技术基础，通过电子的方式进行以商业贸易和服务为中心的各种商业活动。

---

① 葛志远.电子商务 [M].北京：北京工业大学出版社，2008：4-5.

二、电子商务的内涵

电子商务的内涵主要涉及三个方面的内容，分别是电子商务的科技基础、电子商务参与者的知识和技能，以及电子商务的对象。电子商务的内涵如图 1-1 所示。

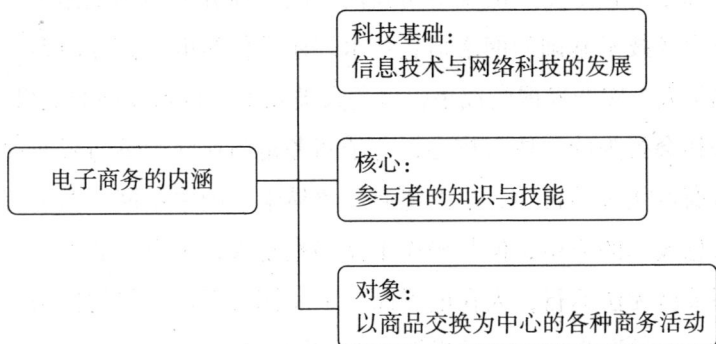

```
                        ┌─────────────────────────┐
                        │ 科技基础：               │
                    ┌───│ 信息技术与网络科技的发展   │
                    │   └─────────────────────────┘
                    │   ┌─────────────────────────┐
┌──────────────┐    │   │ 核心：                   │
│ 电子商务的内涵 │────┼───│ 参与者的知识与技能         │
└──────────────┘    │   └─────────────────────────┘
                    │   ┌─────────────────────────┐
                    │   │ 对象：                   │
                    └───│ 以商品交换为中心的各种商务活动 │
                        └─────────────────────────┘
```

图 1-1　电子商务的内涵

（一）电子商务的科技基础

电子商务的前提和基础是信息技术和网络科技的发展，没有信息技术与网络技术为支撑，电子商务就会失去核心媒介，其概念更是无从谈起。

从生产力发展的角度来看，人类从以采集狩猎为生的原始社会，到农业社会，再到蒸汽时代和电气时代，社会生产力的每一次飞跃，都是以科技的发展与突破为前提的。以信息技术为代表的第三次科技革命，推动人类社会进入信息化时代。如今信息技术已经广泛应用于人类生产生活的各个方面，在商业领域的突出表现就是电子商务的发展。

电子商务与传统商务形式最大的区别之一就是商务活动的电子化运作方式以电子信息技术为基础，以互联网为依托。电子商务的出现使商务活动的基本形式发生了翻天覆地的变化，人们的商务活动逐渐跳脱出地域的限制，同时业务效率大大提升。

以计算机为代表的电子信息技术拓宽了人们的视野，在很大程度上提高了人们获取知识的效率，提升了信息交流的速度，拓宽了信息获取的渠道，是当今社会人们开发和利用资源的重要手段，是电子商务得以产生和发展的前提与基础。

（二）电子商务参与者的知识和技能

电子商务的核心是人的知识与技能。电子商务活动的主体是人，无论是作为电子商务技术基础的网络信息技术，还是作为电子商务内容核心的商务活动，都是人类实践发展的成果，也是人类知识与技术发展的成果。

人是社会行为的主体与核心，电子商务是商业活动参与者通过电子信息技术进行商业往来的行为，是围绕商业贸易组成的关系网。电子商务虽然强调电子信息技术的应用，但其操作主体仍然是人，没有人的参与，电子商务的各个环节就无法运行，人在电子商务中发挥着不可替代的作用，因此研究电子商务，必须强调人在电子商务中的决定性作用。

人是电子商务活动的主体，而人所具备的知识与技术，则是电子商务发展的核心。电子商务是商务活动与电子信息技术的有机结合，无论是商务活动，还是电子信息技术，都是人类智慧的结晶，产生于人们学习与探索知识和技术的过程当中。商务活动具有悠久的历史，与人们的生活密不可分。在漫长的历史长河中，人们交易、经商、研究商务活动，经济学也成为社会科学中研究方法最为完善的学科之一。电子信息技术则更不必说，其本身就是第三次科技革命的标志性成果，是引领信息化时代的重要技术突破。因此，从电子商务的组成要素来看，人的知识与技能是电子商务的核心。

人的知识与技能水平影响着行业的发展方向，电子商务的发展需要掌握相关知识与技能的专业型人才，电子商务是电子信息技术与商业贸易知识的有机结合，因此，只有具备这两方面知识和技能的人才，才能促成电子商务的不断发展，培养符合条件的电子商务人才也是一个国家发展电子商务的关键路径之一。

（三）电子商务的对象

电子商务的对象是以商品交换为中心的各种商务活动。电子商务这一名词可以拆解为两部分，首先是"电子"，即这一活动的媒介是电子信息技术或与电子信息技术相关的途径或手段。其次是"商务"，即其本质上是一种商业贸易活动。即便从广义上来考察电子商务的概念，商务活动也是这一概念的主体构成要素，是电子商务活动开展的对象。

电子商务是商务活动的电子化，虽然其媒介是现代电子信息技术，但其本质仍然是商务活动。商品交换是人们相互交换劳动产品的过程，是物质资料再生产中关键的环节，是连接生产与消费的桥梁。以商品交换为中心的各种商业活动可以统称为商务活动，这也是电子商务的对象，商业活动中的各个行为主体通过电子信息技术宣传、获取商品与服务信息，并通过电子商务实现高效率的商品交易。

随着时代的发展，电子商务的概念与涵盖范围被不断拓展，新理念、新业态不断出现，电子商务面向的领域不断增多，但是，电子商务的主要对象仍然是以商品交换为中心的各种商务活动，这种商务活动既是电子商务的发源领域，也是人类实践中最为普遍、活跃的社会活动领域，与人们的生活息息相关。因此，认识、发展电子商务，需要抓住主要矛盾，重视电子商务的主要对象，并以此为根据实现电子商务其他领域的发展。[①]

第二节　电子商务的分类与特征

一、电子商务的分类

电子商务根据不同的分类标准有多种分类方式，具体内容如图 1-2 所示。

---

① 干冀春，王子健.电子商务理论与实务 [M].北京：北京理工大学出版社，2019：5-6.

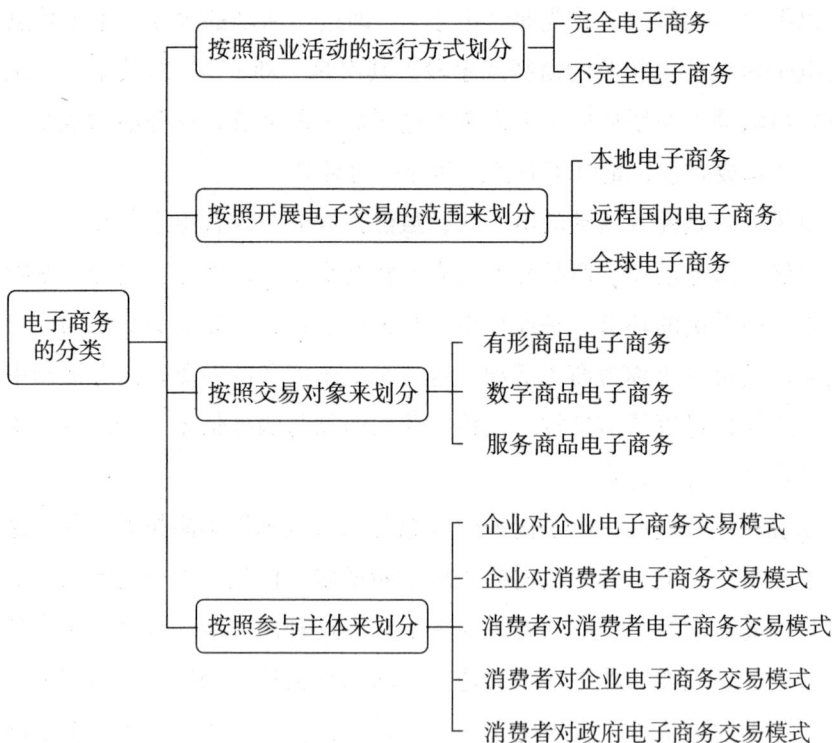

图1-2　电子商务的分类

（一）按照商业活动的运行方式划分

1. 完全电子商务

完全电子商务指的是交易过程中的信息流、资金流、物流、商流四个步骤都可以在网上完成，商品或者服务的整个商务过程都可以在网络上实现的电子商务。完全电子商务使交易双方完全打破了地理界限，深入挖掘世界各个市场的商业资源，充分体现了电子商务相对传统商业模式无可比拟的优越性。许多数字商品的网上交易就是完全电子商务。

完全电子商务的特点是具有很强的虚拟性，因为商务活动的所有环节都是通过网络实现的，网络技术的发展是完全电子商务的基础，如果没有网络技术，完全电子商务的各个环节就难以统一成为一个完整的商务活动整体。

随着时代的发展，完全电子商务的形式向多元化方向发展，完全电子商务的虚拟性要求其必须以网络安全技术作为前提，只有保证支付、结算、商品或服务提供等各个环节的安全，才能为虚拟的交易提供安全保障，并促使其进一步发展。

2. 不完全电子商务

不完全电子商务指的是以上四个流程并非都在网上完成，或者说完整的交易过程并不能都依靠电子方式来实现的商务。一般来说，只要四个流程中有一个没有在网上实现，都被认定为不完全电子商务。采取离线支付方式、实物物流系统的电子商务都可以被认为是不完全电子商务。

相比完全电子商务，不完全电子商务则需要重视商务活动各参与主体之间的协调与配合。由于许多不完全电子商务涉及的主体较多，因此，企业、供货商、物流、消费者等各主体之间的协调就成为不完全电子商务运行的重要环节，只有各主体在充分协调的基础上形成默契的配合，才能实现不完全电子商务活动的良性运转。

（二）按照开展电子交易的范围划分

1. 本地电子商务

本地电子商务是利用本市或本地区内的信息资源实现电子商务的活动。本地电子商务地域范围有限，是利用网络将交易、支付、物流与其他第三方等系统连接在一起的网络系统。这些系统包括：参加交易各方的电子商务交易系统，涵盖买卖双方和相关的第三方；银行金融机构和保险公司的电子信息系统；物流单位的信息系统；税务、工商及检验检疫部门的信息系统，等等。

本地电子商务是开展国内电子商务和全球电子商务的基础体系。

2. 国内电子商务

国内电子商务是指在本国范围内进行的网上电子交易系统。其交易范围比较广，对网络软硬件要求也相应较高。它要求国内的电子商务发展程度普遍要高，要求在全国范围内实现交易、支付、物流等方面的电子化、自动化，并要求电子商务的从业人员具有相应的技术能力和电子商务知识。

国内电子商务是人们最为熟悉的电子商务运行方式。随着时代的进步与科技的发展，我国电子商务迎来高速发展，网购成为人们日常生活中主要的商品交易方式之一，人们在网上购物、咨询、学习、工作，而商品与服务则在网络技术的支持下实现全国范围内的配送，为人们带来了很多便利，也在很大程度上改变了人们的生活方式。

3. 全球电子商务

全球电子商务是指在世界范围内进行的电子商务活动，不同国家的电子商务交易方式通过网络进行贸易活动，其涉及有关各方的信息系统复杂程度远远超过前两者。这些相关系统包括交易双方的信息系统、海关及检验检疫信息系统、银行和保险信息系统、税务信息系统、国际物流组织信息系统。

全球电子商务是电子商务发展的高级阶段，它要求电子商务系统安全、准确、及时。它是未来国际贸易的主流趋势，具有很大的潜力，中国应该积极参与制定全球统一的电子商务标准和电子商务贸易协定，使中国电子商务和全球电子商务都得到顺利发展。[①]

（三）按照交易对象划分

1. 有形商品电子商务

有形商品电子商务是指实物商品的交易尽可能通过网络来完成，这是电子商务的一个重要部分，也是传统商务与电子商务之间最大的交集。与数字商品电子商务和服务商品电子商务相比，有形商品电子商务具有一个明显的特点，就是它与物流过程紧密结合在一起，并且随着有形商品电子商务的不断发展，传统的物流过程也得到重组、优化，更加适应信息时代电子商务条件下对有形商品储存、调配、运输的特殊要求。

---

① 毛锦庚，钟肖英. 新编电子商务概论 [M]. 广州：中山大学出版社，2018：12-13.

有形电子商品是传统商品交易活动的电子化，其本质仍然是商品交易，而交易形式则是电子商务。在有形商品电子商务的流程中，物流、资金流、信息流、商流四流界限分明，各成体系又相互结合，共同完成流畅的商品流通的全过程。

2. 数字商品电子商务

数字商品电子商务是指通过网络传输数字商品达成交易的电子商务模式。在数字商品交易过程中，没有实物商品流通过程，因此也就没有商品的储存、包装和运输费用过程。在传统的商贸中，数字商品一般都有实物载体，如磁带、光盘、纸张等，从而增加了数字商品的储存、包装、运输等成本，大大降低了数字商品的交易效率。

事实上，文字知识、音像、文化商品、计算机软件等数字化商品都可以通过网络进行传输，这也是电子商务变革传统商务过程，甚至是生产和消费过程的重要方面。

3. 服务商品电子商务

服务商品电子商务的交易对象是服务商品。在当今世界，服务商品在商品交易中所占的比重越来越大，服务商品电子商务提供的也是无形商品，但和数字商品电子商务不同的是，有的服务商品电子商务过程中也有实物部分，也可能有物流过程，如邮政电子商务等。

（四）按照参与主体划分

1. 企业对企业电子商务交易模式（B2B）

B2B 模式是指企业之间进行的电子商务活动，这种模式最早是以企业通过专用网或增值网采用 EDI 方式进行的商务活动。目前这种模式仍是电子商务的主流。随着中国国内市场竞争日益激烈，商业环境不断完善，越来越多的企业采用这一模式。

B2B 模式又可以划分为 B2B2B 模式和 B2B2C 模式两种。B2B2B 模式即"企业－企业－企业"电子商务模式，是以 B2B 模式为基础，在常规的 B2B

模式中增加了一个代理中间商环节。这一环节将企业分散执行的销售功能集中地由代理中间商完成，减轻了生产企业的销售负担，代理中间商本身也有盈利空间。B2B2C 模式则是从 B2C 模式中发展而来，零售的特点使商家的配送工作十分繁重，而消费者又不愿意为低价格的商品支付相对高额的配送费用，在这种情况下把经销商作为销售渠道的下游引进，既可以减轻配送费用、降低成本，又可以减轻库存问题。

B2B 模式具有鲜明的特点。首先，由于 B2B 模式的交易主体是企业，因此，交易次数少，交易金额大。其次，B2B 模式的交易对象广泛，可以是任何一种合法产品，可以是原材料，也可以是半成品或者成品，其商品交易种类十分丰富。最后，B2B 模式的交易过程复杂但规范，由于 B2B 模式下商品交易涉及的金额较大，因此在交易的过程中需要多方的参与和认证，相较其他电子商务交易模式来说，交易过程比较复杂，也正是由于涉及金额大，交易过程复杂，所以 B2B 模式的交易过程尤其重视规范性。①

B2B 模式主要具有以下三点优势。

第一，B2B 模式能够有效降低商务成本，提升商务效率。传统的企业交易需要耗费大量的资源与时间，无论是采购、销售还是运输都会占用大量资源，提升产品的成本。网络技术的发展大大降低了商品交易过程中的成本，通过 B2B 交易模式，买卖双方能够通过网络完成整个商品交易流程，不但降低了企业的经营成本，还提升了商务效率。

第二，B2B 模式能够帮助企业强化供应链管理，优化生产计划。企业通过 B2B 平台能够获悉不同区域的市场需求状况，根据具体的市场数据分析供需状况，进而对供应链进行调整，优化生产计划，使商务活动适配市场的需求。

第三，B2B 模式可以缩短产销周期，增加商务机会。当今时代，专业化分工逐渐细化，产品从生产到销售是由多个公司共同完成的，企业通过 B2B 平台减少不同企业间信息交流的误差与滞后等问题，企业之间可以及时沟通协调，进而缩短企业的整个生产销售周期。

---

① 胡英杰，赵巧，张赵辉.电子商务 [M].长春：吉林大学出版社，2016：31-35.

2. 企业对消费者电子商务交易模式（B2C）

B2C 模式是指企业对消费者之间进行的电子商务活动。这种模式主要借助网上销售模式，这种模式的电子商务近年来发展较快，特别是企业的网页对于广大消费者并不需要统一标准的单据传输，只涉及信用卡、电子货币和电子钱包，且网上搜索浏览功能和多媒体界面使消费者更容易寻找到商品，B2C 模式也是当前电子商务的主要开展形式。

3. 消费者对消费者电子商务交易模式（C2C）

C2C 指的是商品直接由消费者出售给消费者，这一思想主要来源于传统的跳蚤市场，主要是消费者之间的自由交易，交易商品大多是日常用品，也包括住房、汽车等旧货商品或服务。

C2C 具有一系列优势，其在电子商务市场中占据的比例日益提升，C2C 模式的优势主要有以下几点。

（1）投资较少。与线下开店相比，网上开店的成本较低，不收取店铺租金和商品交易费等费用，节约了大量的成本。

（2）基本不需要占压资金。线下商店的运营需要有实在的货物陈列，还需要有一定的库存，因此商店需要占用一笔资金用来进货，而 C2C 模式运营则不需要存货，因此 C2C 模式不需要占压资金，商家会在顾客下单后再联系供货商补货。

（3）不受时间与地点的限制。在传统的线下经营模式中，商店的营业时间受作息时间的影响较大，一般每天只能营业一定的时间，且营业效果受区位因素的影响较大，因此，营业时间与店铺选址对于传统经营具有较大的限制。C2C 模式可以不间断地运作，且只需要借助网络平台就可以进行交易活动，不会受到营业时间和销售地点的限制。

（4）销售规模不受空间限制。C2C 模式销售规模不受空间的限制，传统商店的经营规模会受到商店面积的限制，多大的面积能够承载多大的经营规模，而 C2C 模式则因为没有实体的店铺，不会受到空间的限制。

（5）客户群广泛。由于 C2C 模式是借助网络技术开展商品交易的，而网络又具有超时空性，因此，C2C 模式可以通过网络平台在世界范围内推销自己的产品，面向更广阔的市场开展贸易。因此，相比传统的商业经营模式，C2C 模式拥有更广泛的客户群体。[①]

4. 消费者对企业电子商务交易模式（C2B）

C2B 模式的核心，是通过聚合数量庞大的用户形成一个强大的采购集团，以此来改变 B2C 模式中用户一对一出价的弱势地位，使之享受到以大批发商的价格购买单件商品的利益。C2B 的商业模式有两种：一是团购，二是个性化。团购，就是集合众多用户需求形成统一的购买团体，从而享受事先与商家定好的优惠的批发价格，其收益主要来源于广告及佣金。团购分为基于价格的团购和基于产品的团购两个发展阶段。个性化定制则是 C2B 发展的更高阶段。

5. 企业对政府电子商务交易模式（B2G）

B2G 模式是指企业与政府机构之间进行的电子商务活动。政府通过将采购清单在网上公布，网上竞价方式进行招标，而企业可以通过网上投标。这种方式有利于政府节省费用，提高政府办公的公开性和透明度。这种商务活动覆盖企业与政府组织之间的各项事务。比如，企业与政府之间进行的各种手续的报批；政府通过网络发布采购清单，企业以电子化方式响应；政府在网上以电子交换方式来完成对企业和电子交易的征税等。这成为政府机关政务公开的手段和方法（与电子政府、电子政务相联系）。

二、电子商务的特征

电子商务由于自身突出的特点，成为当今时代重要的商务活动形式之一。电子商务的特征如图 1-3 所示。

---

① 胡英杰，赵巧，张赵辉. 电子商务 [M]. 长春：吉林大学出版社，2016：36-46.

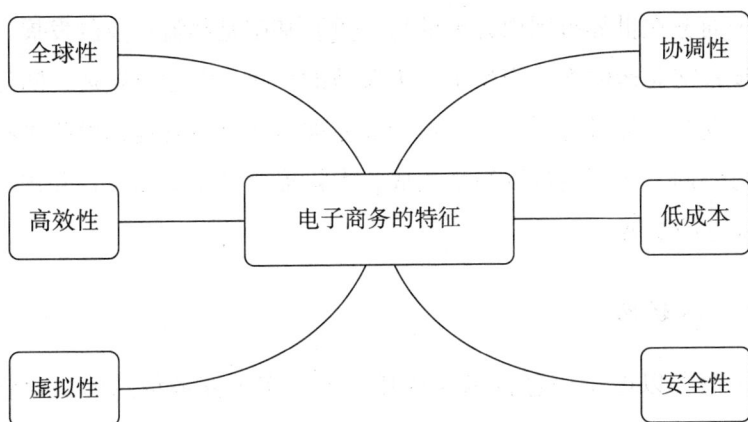

图 1-3　电子商务的特征

（一）全球性

电子商务的全球性主要表现在商务市场的全球化，通过电子信息技术，尤其是互联网技术，人们可以快速地获取商品信息，进行商品交易，电子商务可以在全球范围内开展，不受区域限制。

电子商务的基础是信息技术，媒介是网络，而网络具有全球性与便捷性的特点，可以不受地域限制，快速完成信息传递。网络技术的不断发展，促使网络支付结算技术与网络信息交流方式不断完善，将商业活动的各个参与主体紧密联系在一起，使跨区域交易成为可能。人们能够在网络上查看商品信息，咨询相关问题，完成商品交易，获取这种便利性的前提条件就是网络技术的不断发展。

电子商务的全球性是世界经济全球化的重要发展成果，在经济全球化的背景下，生产要素、商品、技术与服务在全球范围内自由发展，并不断深化。各种类型的经济主体在全球范围内优化资源配置，开展经济活动。跨国公司的生产基地与销售网点遍布世界，为电子商务的发展奠定了坚实的物质基础。电子商务是信息时代的产物，是在经济全球化发展阶段产生的，在经济全球化加速阶段兴起的，而电子商务的兴起又反过来推动了经济全球化的加速发展，因此，电子商务与经济全球化之间具有十分密切的联系。

电子商务在世界范围内开展的另一重要基础是物流产业的发展，随着科技的进步，交通运输方式产生了翻天覆地的变化，空运、航运、陆运三位一体，迅速发展，每时每刻都有大量的商品被运往世界各地，而相关物流信息的互动与协调工作则通过网络来完成，大幅提升了物流效率，并进一步促进了电子商务的发展。

（二）高效性

电子商务以电子信息技术为依托，可以实现商务信息的快速收集、发布、传递与反馈，且能在最短的时间内完成原材料采购、生产、销售、银行汇兑、货物运送以及相关申报流程。在传统的商务活动中，每一个环节都需要专门的技术人员现场参与，费时费力，且容易出现工作疏忽，导致经济损失。电子商务规避了传统商务活动模式中效率低、易出错的缺点，缩短了交易时间，极大提升了商务活动的效率。

电子商务的信息互动、支付结算、商品调配、物流运输等各个环节均是通过网络进行的，因此，相比传统的商务活动，其效率得到了显著提升，这是科技发展的成果，也是世界各国经济联系不断加深的体现。

与电子商务全球性的基础类似，电子商务高效性的重要基础是运输能力的提升与经济全球化的发展。经济全球化的发展使生产在全球范围内进行配置，借助先进的交通运输方式和信息交流方式，商品在世界范围内可以实现快速流通，保障了电子商务的高效性。

（三）虚拟性

电子商务借助网络平台进行交易活动，交易双方从商品选择、交易咨询、商品订购到交易完成，都是在线上完成的，无须线下交流，交易的整个过程都是在虚拟化的互联网平台上进行的。

虚拟性是电子商务最为显著的特征之一，也是其与传统商务活动最大的区别之一。电子商务的虚拟性主要体现在商品与服务交易发生的过程中以及企业内部信息管理中，企业内部的资源管理与商品的调配、物流运输、商品与服务本身都是实际的。因此，从电子商务的整个流程观察的话，电子商务是一种虚拟与现实相结合的商业贸易模式。[①]

（四）协调性

电子商务是一个协调的过程，电子商务的整个运作流程需要生产方、销售方、客户、供货方以及商务合作伙伴之间的充分协调。为了提升商务活动的效率，许多组织都提供了交互式的协议，电子商务活动可以在这些协议的基础上进行。

由于电子商务是借助网络技术在全球范围内开展商业贸易与信息交流，因此，电子商务涉及的参与主体众多，加之环节众多，而且多数不是以面对面的方式进行交流，因此容易出现信息错乱、意见不一等问题，比如，企业与消费者或者企业与企业之间进行线上贸易，双方的沟通与交流较为便捷，但是进入物流环节后，存在物流系统与消费者之间的沟通需要企业为中介的现象，消费者更改物流配送相关信息需要及时传达到物流企业，这样才能保证物流配送的高效与准确，而在现实电子商务活动中，物流配送环节常出现各种问题，其中重要的原因就是电子商务主体间的协调做得不够好。

因此，电子商务活动的顺利开展离不开各主体之间的充分协调。只有在充分协调的基础上，才能使电子商务的各参与主体获取明确的信息，各司其职，这样才能使电子商务准确、高效地运转。

（五）低成本

通过电子商务，所有商品的信息可以在互联网平台上发布，且可以随时供消费者咨询，节省了相当一部分传统的广告费用和中介费用。电子商务采取无纸化办公方式，节省了大量的资源，同时节约了成本。

电子商务的低成本还体现在商品的库存与配送方面，在电子商务运行模式中，企业的商品库存积压的情况在很大程度上得到了缓解，买方与产品生

---

① 毛锦庚，钟肖英 . 新编电子商务概论 [M]. 广州：中山大学出版社，2018：6.

产方之间建立线上交易模式，卖方可以根据商品的订购信息随时进货，大大降低了商务活动的营销成本。

（六）安全性

电子商务借助虚拟、开放的网络平台进行商务活动，因此，交易的安全性对于电子商务来说十分重要。买卖双方的一系列交易活动，包括交易的洽谈、签约、货款的支付、产品到货通知等整个交易流程都是在网络上进行的。对于客户而言，无论产品具有多大的吸引力，如若没有安全保障，都是不敢与商家进行交易的，企业之间的交易更是如此。因此，在电子商务中，安全性建设是重中之重。

正是因为安全性对于电子商务如此重要，因此，国际上多家研究机构与公司合作开发了一系列网络交易安全保障机制，并签订了一系列安全协议，制定了相关安全标准，为电子商务提供了安全的交易环境。随着技术的不断发展，电子商务的安全配套技术也必将不断提升。

第三节 电子商务的发展历程

一、世界电子商务的发展历程

（一）EFT 和 EDI 阶段

20 世纪 70 年代末，电子资金转账（Electronic Funds Transfer，EFT）成为金融市场上首先使用的一种电子商务模式。EFT 是指通过电子通信设备实现资金的转账。EFT 的资金转账过程无须纸质凭证，资金转账的效率高，但是在发展初期成本较高，因此起初应用范围十分有限。随着网络技术的不断发展以及安全保障的日益完善，EFT 逐渐受到企业的青睐，用户范围不断扩大，普及程度不断提升。

电子数据交换技术（Electronic Data Interchange，EDI）产生于 20 世纪 60 年代末的美国，指的是通过网络技术实现计算机之间的标准数据信息传输。相比传统的信息传输方式，EDI 具有无与伦比的优势，首先，由于 EDI 是通过网络进行信息传输的，因此能够在较短的时间内完成大量信息传输的任务，大幅提升了信息的传输效率。其次，EDI 技术的应用节约了大量的人力与物力成本，由于 EDI 信息传输的过程不需要纸张，因此人们形象地称之为"无纸贸易"。[1]

EFT 与 EDI 的完善与普及促进了电子商务的形成与发展。由于 EDI 具有方便、快捷、低成本的特征，因此人们尝试将 EDI 与商务活动联系在一起，通过 EDI 开展交易活动，这种新型交易方式将电子信息技术与商贸活动融合在一起，电子商务初现雏形。随着时间的推移，人们通过 EDI 不断扩大电子商务涉及的领域，将其拓展到金融机构、制造业、零售业、服务业等多个领域，电子商务的应用向着多样化的方向发展。

但是受制于技术发展，这一时期的电子商务活动仅限于在相对封闭的系统内进行运作，电子商务真正实现大规模、普及化发展，是在超文本传输协议开发和互联网技术成熟后才开始的。

（二）互联网电子商务阶段

由于 EDI 具有效率高、准确性高、成本低等特点，因此备受国际贸易与大型企业的青睐，但是，EDI 通信系统的建立需要大量的投资，成本门槛使许多中、小企业望而却步，导致了具有如此多优点的 EDI 难以普及。EDI 得天独厚的优势以及巨大的发展潜力使 EDI 的低成本运作成为社会的迫切需求。

20 世纪 90 年代中后期，互联网开始迅速普及，逐渐进入各行各业与寻常百姓家，随着相关配套技术的不断发展，互联网逐渐成为一种大众化的信息传播工具。

互联网的发展与普及为电子商务的发展开辟了新的途径，使电子商务的低成本运作成为现实。20 世纪 90 年代，商业贸易活动与互联网之间的联系

---

[1]　黄仕靖，顾建强. 电子商务概论 [M]. 北京：北京理工大学出版社，2018：59-62.

不断加深，互联网是人们进行信息交流的崭新方式，而商业贸易活动本身就是人类实践活动中最为活跃、最为普遍的组成部分之一，因此，电子商务与互联网一经结合，就展现出强大的生命力与发展潜力。

互联网解决了 EDI 建设成本高的问题，满足了中、小企业对于 EDI 的需求，互联网作为运行成本低、服务质量好、覆盖范围广的信息传播方式，势必成为 EDI 最佳的硬件载体。EDI 通过互联网技术可以实现更低成本的运作与更大范围的信息共享，使商户活动电子化的普及成为可能。

电子商务与互联网的结合使商业信息传递与交流实现了质的飞跃，使电子商务不仅仅局限于大型企业之间或国家之间的商贸活动，还开始将企业、消费者、政府等主体连接在一起。

（三）E 概念电子商务阶段

21 世纪，电子科技与信息技术飞速发展，经济全球化进程也进一步加快，在电子商务领域，E 概念被提出。E 概念即电子信息与通信技术与各相关应用领域的知识、方法、技能相结合而衍生的新的应用模式，是一种信息化时代的商务模式。

E 概念是互联网技术发展的产物，是社会网络化与智能化的重要表现。作为一种发展概念，E 概念强调社会各领域之间的互联与互动，包括信息互联、服务互联、商品互联等。E 概念是电子商务理念的升级，为电子商务与时俱进、进一步发展指明了方向。

E 概念的提出大大拓展了电子商务的涵盖范围，电子商务与其他领域相结合，形成有关领域的 E 化概念，如电子商务与教育、医疗、政务等领域相结合，形成远程医疗、远程教育、电子政务等新的发展模式。随着电子信息技术的不断发展，必将不断产生新的 E 概念。[①]

---

① 吴清燕，吴英照．电子商务实训 [M]．北京：原子能出版社，2019：15-16.

二、我国电子商务的发展历程

我国十分重视电子信息技术与电子商务的发展，早在 20 世纪 90 年代，我国就敏锐意识到电子商务对于经济建设的巨大推动作用，相继实施了"金桥""金卡""金关""金税"等"四金工程"。

1997 年 10 月，中国商品交易中心正式开通，这是中国第一个完整的电子商务中心，包含了一系列提供商务信息处理功能的子系统。

银行业是我国在经济领域推行电子化较早的行业，随着电子金融结算系统不断完善和发展，1998 年，深圳招商银行推出了国内首个网上支付工具"一网通"，为我国电子商务的全面的发展奠定了基础，随后，中国建设银行、中国工商银行也相继推出网上银行服务。

1998 年 7 月，国家对外经济贸易部主办的中国商品交易市场在北京开通，这是我国政府组织的首次大规模电子商务实践，吹响了我国电子商务快速发展的号角。中国商品交易市场的开通在国内外引起了巨大的反响，越来越多的企业借此走向国际市场。

随着我国经济的快速增长以及国家对于电子商务重视程度的不断加深，我国电子商务也迎来了长时间的稳定发展，大量企业与资本涌入电子商务领域，或完善自己的商务结构，或开辟新的发展领域，各类电子商务平台蓬勃发展。

我国电子商务经过二十余年的发展，从萌芽状态发展成为茁壮成长、欣欣向荣的重要产业。相关服务业通过电子商务取得迅猛发展，逐渐形成功能完善的业态体系。电子商务平台的作用日益增强，电子商务平台、政府监管部门与企业之间的治理结构不断发展完善。

近年来，我国电子商务交易额迅速增长，特别是网络零售市场，更是发展十分迅猛，电子商务成为拉动国家经济增长的重要引擎。

三、我国电子商务的发展特点

我国的电子商务正处在发展的上升期，通过对我国电子商务的发展情况与发展结构进行整体观察，可以发现我国电子商务的发展特点，如图 1-4 所示。

```
                                    ┌─── 市场规模不断扩大

                                    ├─── 线上线下协同发展
          我国电子商务的发展特点 ────┤
                                    ├─── 电子商务新业态蓬勃发展

                                    └─── 政策环境建设不断完善
```

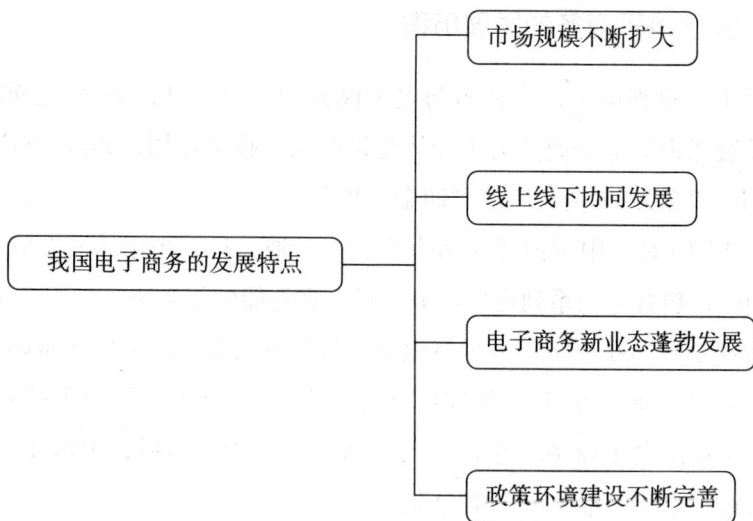

图 1-4　我国电子商务发展的特点

（一）市场规模不断扩大

随着时代的发展，电子商务的市场规模不断扩大，电子商务涉及的领域也不断增多。作为电子信息时代的产物，电子商务依托网络技术，打破了地域限制，提升了商务活动的效率，将生产、销售、服务、结算、信息交流等各个环节有机联系在一起，为人们的生活带来了极大的便利，逐渐成为人们日常生活中重要的组成部分。

在日常生活中，人们越来越多地使用网络平台进行购物，由于网络购物用户人数与电子商务交易额迅速增长，因此网络购物平台争相提升自身的服务质量，丰富服务方式，不断扩大市场。与此同时，电子商务市场规模的不断扩大也带动了就业的增长与税收的提升。

（二）线上线下协同发展

国务院办公厅于 2016 年印发的《关于深入实施"互联网 + 流通"行动计划的意见》（以下简称《意见》）中提到"鼓励具备条件的城市探索构建线上线下融合发展的体验式智慧商圈，促进商圈内不同经营模式和业态优势互补、信息互联互通、消费客户资源共享，抱团向主动服务、智能服务、立体服务和个性化服务转变，提高商圈内资源整合能力和消费集聚水平。"

目前，电子商务呈现出良好的发展态势，作为新兴的产业，电子商务的发展模式尚需不断探索。《意见》在很大程度上增强了我国企业线上线下融合发展的信心，线上企业加速布局线下，纷纷开设实体店与线下产品体验中心。线下企业则积极利用互联网，发展电子商务，探索商业模式的转型升级。线上与线下两种经营生产模式正在通过多种方式逐步连接，使商业服务体系不断得到完善。

（三）电子商务新业态蓬勃发展

我国电子商务的发展不仅体现在市场规模的扩大与交易额的提升上，还体现在电子商务新业态、新模式的不断产生和发展上。房屋租赁、就业服务、婚恋交友、交通出行、团购点评等电子商务经济业态百花齐放，为消费者解决消费需求，提供全方位的服务。

电子商务涉及的领域也在不断扩大，教育、医疗、政务等领域与电子商务相结合，为人们提供更加全面、便捷、详细、高效的服务。比如，电子商务与教育的结合，丰富了知识传播的方式，通过远程教育，教师可以开展线上教学活动，越来越多的讲座也开始在线上举办，各专业相关的学习 App 如雨后春笋般涌现。可以说，网络技术的发展与电子商务领域的拓宽，使教育活动的面貌焕然一新。电子商务与其他领域的结合亦是如此，为人们的生活带来了极大的便利。

电子商务新业态的蓬勃发展是电子商务强大生命力与巨大发展潜能的重要体现，电子商务虽然是新兴产业，但也需要随着时代的发展不断丰富自身的内涵，与时俱进，与更多的领域相结合，这才是电子商务产业永葆生命力的基础与保障。

（四）政策环境建设不断完善

经济基础的发展需要上层建筑的支持与规范，同样，电子商务的蓬勃发展也需要不断完善相关政策环境。政策环境建设主要表现在两个方面，分别是政策支持与制度保障。

我国十分重视电子商务的发展，因此，政府出台了一系列政策为电子商务的发展营造良好的政策环境，促进电子商务的进一步发展。与此同时，政府同样重视行业发展的规范性，只有健康、规范的发展方式才能保证行业的持续发展。因此，政府出台和完善相关法律法规，维护电子商务各参与主体的权益，对电子商务市场加以规范，并采取有力措施打击电子商务领域的违法行为，促使电子商务的健康、可持续发展。

第四节　电子商务与经济全球化

一、全球化与经济全球化

（一）全球化的概念

自 20 世纪 80 年代中期以来，无论是在学术界还是在社会话题中，全球化都是人们关注的热点，特别是在 20 世纪 90 年代以后，全球化已经成为政治学研究的重要背景，在经济研究领域也成为难以绕开的话题。全球化这一概念也通过电视、报纸、书籍等信息传播媒介从学术研究领域逐渐走进大众的视野，被人们所熟知。

对于全球化的概念，至今学术界还没有统一的定论，这是因为全球化作为一种世界发展的趋势，涉及的领域众多，包含的内容十分庞杂，难以对其进行简单的概括。

政治学认为，全球化是一种国际行为体之间相互影响不断加深的过程。在全球化背景下，国际行为体之间的联系日益密切，相互影响不断加深。主权国家的战略目光向域外扩展，在全球范围内进行战略部署，国家之间的合作日益增多，合作内容向多领域与深层次发展。国际组织的作用日益突出，非国家行为体之间的交流日益密切。

经济学家从经济学视角审视全球化，认为全球化的重要表现是跨国经济互动的增强，国家之间的经济交流日益密切，国与国之间的经济依赖不断加深，商品开始广泛在全球范围内流通。在经济全球化的同时，文化面临着传承、发展、融合、异化的问题。本书将从经济的视角对全球化进行阐释，即关注经济全球化。

（二）经济全球化的概念

相比全球化，学术界对于经济全球化概念的界定则相对明确，主要有以下几种观点。

美国经济学者丹尼尔·耶金（Daniel Yergin）认为，经济全球化就是经济活动国际化的过程，其强调经济活动向全球范围拓展的过程。丹尼尔·耶金对于经济全球化的定义简洁明了，强调了经济全球化的必然性，虽然未对其内涵进行深入挖掘，但简单易懂，有助于人们更通俗地理解经济全球化，也表达了全球化是经济发展必然趋势的观点。[①]

雅克·阿达（Jacques Ada）认为，资本主义在全球范围内的拓展造就了全球化，全球化的过程是世界一体化的产物，即先有一体化，后有全球化。

还有学者也是从全球化与一体化的角度来考察经济全球化，认为世界经济全球化的过程就是世界经济一体化的过程，这一定义将经济全球化与经济一体化完全等同。

我国对于经济全球化也有许多研究，比如，有学者认为经济全球化是生产要素在世界范围内流动，促使世界各国、各地区逐渐融为一体的历史进程，经济全球化包含两大经济发展的进程：一是全球经济市场的建立；二是针对经济行为进行规范的全球规则的确立。该观点认为经济全球化包括经济一体化。

关于经济全球化的概念，较为权威的定义是由国际货币基金组织提出的，即"全球化指的是跨国经济产品、服务贸易以及国际资本流动规模和形

---

① 李靖宇，贺祺彦，张晶涛，等.中国区域经济开发论：从政策性启动到市场化运作的国家战略推进[M].长春：吉林大学出版社，2012：382.

式的增加，以及技术的广泛迅速传播使世界各国经济的相互依赖性增强"。这一定义针对经济全球化的具体内容和过程进行了科学的阐释，并揭示了该进程中国家之间关系的发展与变化。

从国际货币基金组织对于经济全球化的界定中可以发现以下几点。

第一，经济全球化是一个历史进程，它的产生与发展是由世界经济发展的内在规律决定的，不受人的主观意识所控制。

第二，经济全球化是一个微观经济活动的作用过程，是各国或各地区的微观经济主体所进行的经济活动。

第三，在经济全球化的进程中，国家之间的依赖性不断加强，经济联系日益密切。

第四，生产要素、商品、技术与服务在全球范围内自由流动，并不断深化与发展。

第五，在经济全球化的进程中，国家或者其他经济主体在全球范围内优化资源配置，开展经济活动。

（三）经济全球化的发展历程

经济全球化的历程就是各经济要素全球化发展历程的集合，不同经济要素，如商品、资本、生产与金融，其全球化发展历程具有一定的时序性。经济全球化的发展历程如图1-5所示。

```
                    ┌─────────────────────┐
                    │ 经济全球化的发展历程 │
                    └──────────┬──────────┘
                               │
                               │        ┌──────────┐
                               ├───────→│   至今   │
                               │        └──────────┘
                               │  金融的国际化
            ┌──────────────┐   │
            │ 20世纪80年代 │←──┤
            │   中后期     │   │
            └──────────────┘   │
              生产的国际化      │
                               │        ┌──────────────┐
                               ├───────→│ 20世纪80年代 │
                               │        └──────────────┘
                               │  资本的国际化
         ┌──────────────┐      │
         │ 19世纪70年代 │←─────┤
         └──────────────┘      │
             商品的国际化       │
                               │        ┌──────────────┐
                               └───────→│ 18世纪60年代 │
                                        └──────────────┘
```

图 1-5　经济全球化的发展历程

1. 商品的国际化

商品国际化，就是以商品贸易为经济全球化的核心。商品的国际化阶段始于 18 世纪 60 年代，这是经济全球化的萌芽阶段。自 16 世纪开始的资本原始积累，为欧洲工业革命创造了充分的条件。

第一次工业革命，机器生产取代了手工生产，成为工业生产的主要形式，使生产力发生了历史性的变革，也为资本主义在世界范围内的扩张奠定了基础。同时，第一次工业革命也使交通方式发生了翻天覆地的变化，机帆船和火车使大宗货物的长途运输成为现实，缩短了运输时间，降低了运输成本，使商品贸易的国际化成了可能。

此时世界市场尚未发展成熟，经济全球化尚处于萌芽阶段，但由于生产力的提升，各国市场的进一步整合以及商品流通量的增加，世界贸易得到了空前发展，这为世界经济全球化奠定了坚实的基础。

2. 资本的国际化

商品国际化直接推动了资本国际化的发展进程，19 世纪 70 年代资本国际化开始在全球范围内发展，各国以资本输出的方式加强与国际市场的联系。

19 世纪 60 年代后期第二次工业革命开始，人类进入了电气时代。第二次工业革命极大地促进了生产力的发展，对人类的工业化进程和社会发展产生了深远的影响。同时，为世界市场的进一步整合以及资本的国际化奠定了物质基础。

与第一次工业革命类似，先进的科学技术被应用于交通运输业的发展，大量的铁路在世界范围内铺展开来，钢壳汽船取代了机帆船，以更高的效率将商品往来运送于世界市场，国际交通运输网也在这一阶段形成，世界各国之间的距离被大幅缩短。

这一时期，世界主要资本主义国家的货币体制开始向金本位过渡，黄金成为世界单一货币，世界市场开始逐步形成。这一阶段世界经济领域最为显著的特征就是资本的国际化。由于生产规模的迅速扩大，世界主要资本主义国家对资金的需求不断上升，开始通过各种手段加速资本的集中，垄断组织与金融资本由此形成。资本的大量集中迫使这些国家将资本输出到海外市场，大大推动了资本国际化的进程。

3. 生产的国际化

生产的国际化阶段是从 20 世纪 90 年代到 20 世纪 80 年代中期，这一时间段是经济全球化的发展阶段，在第三次科技革命的推动下，世界经济借助现代科技，进入了又一轮快速发展时期。

当然，两极格局对经济全球化的发展起到了一定的阻碍作用，以美国为首的资本主义阵营对社会主义阵营进行经济封锁，以苏联为首的社会主义阵营则在阵营内部进行生产的分工和资源的配置，生产的国际化分别在两大阵营内部不断发展。

总体来说，第三次科技革命中，科技的迅速发展使商品的生产效率快速提升，促使国际分工进一步发展。国际投资的发展进一步加强了国际资本的流动，为生产的进一步发展创造了条件，跨国公司促使生产要素在全球范围内进行配置，生产活动全面步入全球化。

4. 金融的国际化

20 世纪 80 年代中后期，世界各国对外政策与经济发展战略的调整以及以信息技术、航天技术和生物技术为代表的科技大发展，推动了世界科技的巨大进步与经济的快速发展，使得各国之间的经济合作与科技交流日益频繁，相互依赖程度不断加深。20 世纪 80 年代至今，世界经济全球化迎来快速发展。科技进步日新月异，推动着世界经济步入快速发展时期。与此同时，金融自由化的思想在西方蔓延，并最终掀起了一股金融自由化浪潮，国际金融市场的交易额大幅提升。金融对于世界经济全球化的影响十分显著，既能推动经济全球化的快速发展，也会对世界经济的平稳运行带来一定的不利影响，1997 年的亚洲金融危机就是明显的例子。金融的国际化成为经济全球化的又一显著特点。[①]

二、经济全球化背景下的电子商务发展

（一）电子商务对经济全球化的加速作用

电子商务是信息时代的产物，是在经济全球化发展阶段产生的，在经济全球化的加速阶段兴起的，而电子商务的兴起又反过来推动了经济全球化的加速发展，因此可以说，电子商务是经济全球化的加速器。

电子商务对于经济全球化的加速作用主要体现在以下三个方面。

1. 电子商务使人们的联系日益密切

电子商务是信息产业的重要组成部分，随着时代的不断发展，信息产业在世界经济中的比重不断增加，为经济全球化提供了物质基础。电子商务

① 杨培雷. 国际经济学 [M]. 上海：上海财经大学出版社，2017：3-8.

以网络技术为基础，突破了地域的限制，就像桥梁一样，将不同地域、不同国家的市场联系在一起，国家、企业、个人都可以通过不同形式的电子商务活动与其他国家和地区的电子商务参与主体进行贸易活动与信息交流。近年来，跨境电子商务发展迅猛，电子商务使国家之间、国际组织之间、企业之间、不同国家的人们之间的联系日益密切，由此可以看出电子商务对经济全球化有着巨大的促进作用。

2. 电子商务开辟了虚拟市场

信息时代，市场的内涵被无限扩大，目前的市场不仅涵盖了全世界，还包括虚拟市场。电子商务的作用就是帮助人们在虚拟市场完成交易，为商品、货物、资本、服务的跨国流通提供一条快捷的渠道，为经济全球化提供物质基础。

电子商务开辟了虚拟市场，虚拟市场受时间与空间的影响较小。比如，人们若想了解或采购一件商品，可以直接通过相关电子商务平台查询商品的详细信息，在虚拟市场上货比三家，在虚拟市场上完成交易。可以说，电子商务所构建的虚拟市场，是世界市场的另一种表现形式，丰富了经济全球化的内涵，促进了经济全球化的不断发展。

3. 经济全球化促进了跨国往来

经济全球化使世界更紧密地联系在一起，国与国之间的关系日益密切，相互依赖不断加深。经济全球化的重要特征就是生产要素在世界范围内进行配置，不同国家之间的分工与合作成为经济全球化大背景下商品生产的常态，同一件商品的零件可能来自世界各地，同一个工厂的产品也可能运往世界各国，而这一系列生产活动的进行都离不开电子商务。

以跨国公司为例，跨国公司在世界范围构建最优资源配置方案，其生产车间、研发中心、销售网点、合作伙伴遍布世界各地，而跨国公司各部门之间的联系、企业间的信息交流、商贸活动的实施，都需要通过电子商务的形式来完成。跨国公司如此，国家之间的商贸往来亦是如此。国家间的贸易通常交易数量和金额较大，运输距离较远，因此，国家之间的贸易通常通过电子商务来完成。由此可见，电子商务是跨国贸易活动的重要途径，对于经济全球化的发展具有重要的推动作用。

（二）经济全球化背景下电子商务发展的新趋势

1. 电子商务发展机遇与挑战并存

在经济全球化的大背景下，随着技术的进步和经济的发展，电子商务日益成为经济发展的重要驱动力，上至国家、下至企业，都对电子商务的发展十分重视。但经济全球化是一把双刃剑，带来经济发展机遇的同时也带来许多新的挑战，电子商务的发展亦是如此。

随着经济全球化的不断发展，电子商务无论是在广度还是在深度上都有了较大的发展，电子商务的市场不断扩大，影响的区域不断增加。与此同时，电子商务的内涵随着实践的发展不断丰富，电子商务不再仅仅局限于商品交易活动，而是扩展到各个领域，不断形成新的业态与新的发展模式。经济的发展也在不断为电子商务的进一步发展注入新的动力，经济发展不断催生出新的商务领域，而这些领域与电子商务有机结合，形成新的商务发展模式，并进一步促进经济的发展，形成一种良性的循环。

各国政府对于电子商务的发展也非常重视，出台了一系列政策促进电子商务的发展，并为电子商务人才培养提供大力的支持。庞大的市场规模、日益增长的用户群体、有力的政策支持、不断产生新业态与新模式等，都为电子商务的发展提供了良好的机遇。

但正如前文所提到的，电子商务的发展是机遇与挑战并存的，电子商务主要面临以下挑战。

（1）相关法律制度有待完善。电子商务发展带来的挑战集中体现在相关制度不完善上。经济基础决定上层建筑，上层建筑对经济基础具有重要的反作用。经济基础的不断发展需要上层建筑加以支持、引导与规范，电子商务的快速发展使相关制度建设落后于其发展速度，这就造成现有的制度体系难以对电子商务的发展形成有效的规范与约束。这种制度的缺失一方面容易造成电子商务市场的秩序混乱、恶性竞争、市场垄断、违规经营等问题；另一方面容易造成电子商务相关纠纷难以凭借明确的法律条文进行解决。

电子商务的持续健康发展需要有关部门不断完善相关法律法规，这对于电子商务产业来说不是限制，而是一种规范，只有完善相关法律法规，才能保证电子商务产业有序竞争、科学发展，才能为电子商务产业营造有利的发展环境。

（2）物流压力大。与传统商务活动面对面交易的方式不同，电子商务，特别是不完全电子商务，是一个庞大的商务活动运行体系，涉及众多参与主体，电子商务的运行需要这些参与主体的充分协调与默契配合。其中，物流作为商品配送环节，在电子商务活动中扮演着重要的角色。

随着电子商务市场规模与贸易量的不断扩大，物流的压力也随之增加。虽然目前物流产业的发展能够满足电子商务的需求，但是物流产业运转强度较高，且电子商务的不断发展也考验着物流能力的发展水平，在物流管理、物流配送等方面仍存在一些不足之处，这就需要不断加强物流体系的建设，提升物流能力，完善相关规范制度，使之适应电子商务的发展。

（3）安全保障仍需完善。电子商务活动是依托互联网进行的，商务数据信息通过网络在电子商务各参与主体间传递，包括信息咨询、支付、结算、物流配送等。这就要求电子商务的相关网络技术必须是安全的，没有一个安全的、可信任的环境，电子商务就无法进行。

目前，电子商务的安全保障措施落实情况相对较好，这也是电子商务能够实现迅猛发展的重要原因之一，但是，电子商务过程中的个人隐私泄露、网络诈骗、数据盗取等现象依然存在，这就要求电子商务产业必须加强安全保障技术的研发与落实，为电子商务的运行提供安全的网络环境。

2. 跨境电子商务需求增大

（1）跨境电子商务的产生。随着时代的发展和网络技术的不断进步，电子商务逐渐渗透进人们生活的方方面面，人们越来越习惯于通过电子商务平台，线上购买商品，获取服务。电子商务自身具有全球性与便捷性等特点，可以突破国家地域的限制，促进商品在世界范围内的流通，无论是国家、企业还是个体，都可以通过电子商务与境外进行商品与服务交易，而这种基于电子商务的拓展活动则催生了跨境电子商务的产生与发展。

跨境电子商务是互联网时代的一种新型贸易方式，兼具电子商务和国际贸易的双重特征。与传统国际贸易相比，具有中间环节少、交易周期短、交易成本低、成交金额小、交易频次高等显著特征。

（2）跨境电子商务成为国际贸易的主要方式。跨境电子商务是电子商务的一种特殊形式，属于全球电子商务的一种，跨境电子商务是信息技术与国际贸易结合的产物。随着信息技术的发展，电子商务充分发挥其全球性的特点，与国际贸易有机结合，为跨国商务活动提供了新的途径。

跨境电子商务与国际贸易密不可分，国际贸易具有悠久的历史，在电子商务出现以前，由于国际贸易运输距离长、交易金额巨大、涉及主体繁多，虽然其是贸易活动的重要组成部分，但从贸易形式到贸易种类，发展均较为缓慢，电子商务的出现改变了这一局面。电子商务与国际贸易结合，形成跨境电子商务，相比于传统的国际贸易模式，跨境电子商务具有诸多优点，不仅彻底改变了国际贸易的运行模式，还拓宽了国际贸易的领域，为国际贸易的普及发展提供了新的路径。

得益于科学技术的日益发展，信息技术和网络的崛起使电子商务成为国际贸易的主要方式，让国际贸易进入了信息时代。经济全球化脚步的加快，使信息通过全球网络在国际贸易中产生了极为深远的影响，正确把握信息技术带给国际贸易的影响，尽早发现其中的问题并将其解决，对国际贸易的发展有着不可忽视的作用。

跨境电子商务的出现，帮助贸易活动挣脱了地理环境的约束，打破了国家之间的界限，使其从线下转到线上，实现了跨越式发展。跨境电子商务的发展依托网络信息技术的进步，网络信息技术将贸易活动信息化、数字化，强大的数据存储、数据分析与数据共享能力，为跨境电子商务的顺利开展提供了坚实的保障，为企业进入国际市场提供了新的道路，同时，帮助消费者更加便利地获得全球商品的信息。

第二章　跨境电子商务概述

第一节　跨境电子商务的相关概念、分类与特征

在经济全球化时代，一个国家要想赢得国际竞争优势，必须掌握跨境电子商务发展的主导权。我国是一个制造业大国，发展跨境电子商务可以显著提升国家贸易发展水平，促进经济增长。

一、跨境电子商务的相关概念

（一）跨境电子商务

跨境电子商务是指分属不同关境的交易主体，利用电子商务平台等现代信息技术所进行的各类跨境的数字化交易、支付结算，并通过跨境物流送达商品、完成交易的一种新型贸易活动和模式，涵盖营销、交易、支付、服务等各项商务活动。

这种新型的贸易模式融合了国际贸易和电子商务两方面的特征，更具复杂性，主要表现在以下几方面：一是信息流、资金流、物流等多种要素流动必须紧密结合，任何一方面的不足或衔接不够，就会阻碍整体商务活动的完成；二是流程繁杂且不完善，国际贸易通常具有非常复杂的流程，牵涉海关、检验检疫、外汇、税收、货运等多个环节，而电子商务作为新兴交易方

式，在通关、支付、税收等领域的法规目前还不太完善；三是风险触发因素较多，容易受到国际政治经济宏观环境和各国政策的影响。

（二）跨境电子商务平台

跨境电子商务交易平台是指经过海关认可并与海关进行联网，以实现跨境贸易电子商务进出口商品达成交易、货款支付、商品配送等功能的综合性平台。通过跨境电子商务交易平台进行对外商品销售，可以省略传统贸易过程中比较冗繁的中间环节，贸易双方可以在平台上直接会面商谈，增强了沟通的便利性，交易效率明显提升。国内企业特别是传统生产制造企业可以直接把自己的产品卖到国外，去除了中间贸易成本，可以大幅度增加商业利润。

（三）跨境电子商务企业

由于运输距离较远，因此跨境电子商务活动的主体一般是企业。跨境电子商务企业指的是利用电子商务平台进行跨境商务活动的企业。其中，电子商务平台既可以是企业自己建设与运营的平台，也可以是第三方电子商务平台。

跨境电子商务企业主要包括三类主体：第一类是自建跨境电子商务平台并从事对外贸易业务往来的企业，该类企业一般是全面掌握电子商务技术、资金雄厚且具有相当实力的大规模企业，该类企业在跨境电子商务企业数量中只占少数；第二类是利用第三方跨境电子商务交易平台从事对外贸易的企业，该类企业没有自己开发的电子商务平台，一般情况下也不具备开发平台的实力，以中小微型企业为主，在跨境电商企业中占绝大多数；第三类是专业做跨境电子商务平台的企业，具备跨境贸易电子商务平台开发的专业技术，为第二类企业开展对外贸易业务提供货款支付、通关、国际物流等配套服务。

（四）电子商务通关服务与管理平台

跨境电子商务涉及的主体众多，包括交易的双方、电商平台与物流系统，由于跨境电子商务涉及商品的跨国运输，还涉及各国海关与相关管理部门。

电子商务通关服务平台与电子商务通关管理平台均由政府与海关负责建设，为跨境电子商务提供服务，对跨境电子商务实施监管。电子商务通关服务与管理平台的建设可以规范跨境电子商务活动，并提升跨境电子商务产品的通关效率。

二、跨境电子商务的分类

跨境电子商务涉及国际贸易与电子商务两大领域，因此根据不同的分类标准有多种划分方式（如图 2-1 所示）。

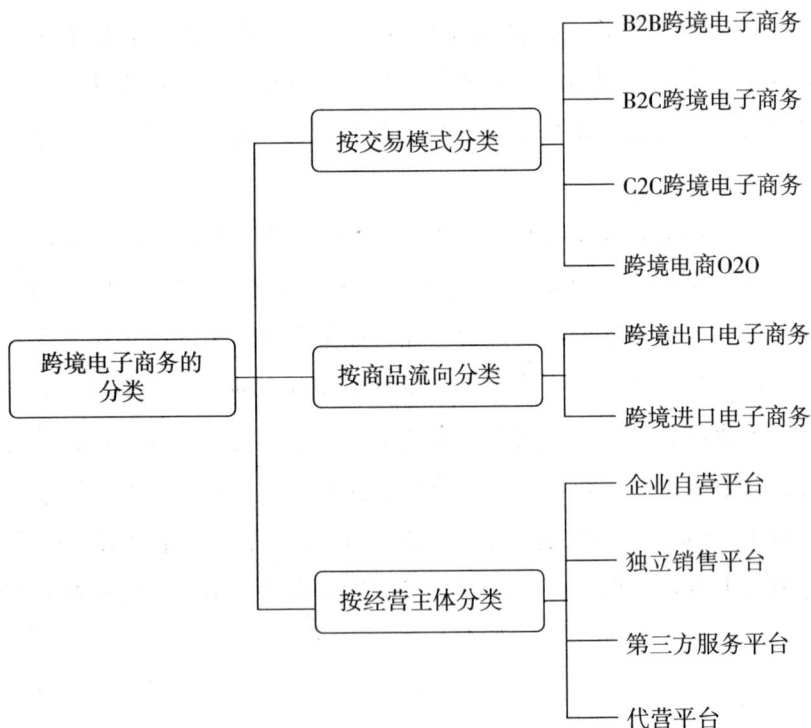

图 2-1　跨境电子商务的分类

（一）按照交易模式划分

1.B2B 跨境电子商务

跨境 B2B 是指分属不同关境的企业，通过电商平台达成交易，进行支付结算，并通过跨境物流送达商品、完成交易的一种国际商业活动。

B2B 跨境电子商务模式是基于企业之间电子贸易平台的一种交易方式，企业通过电子商务平台发布自己的商品、服务或者合作业务等信息，境外买方企业则通过平台浏览该信息，买卖双方通过电子平台进行业务洽谈、价格商讨、敲定合作条款等，而成交、通关流程仍然要在线下完成，基本是按照传统国际贸易形式进行运作，本质上还应该属于传统对外贸易的范畴。

由于 B2B 交易的参与主体众多，交易的量级较大，而且订单相对稳定，因此 B2B 交易目前在中国跨境电子商务市场上所占比重较大，是中国跨境电子商务的主流。

2.B2C 跨境电子商务

跨境 B2C 是指分属不同关境的企业直接面向消费者个人开展在线销售产品和服务，通过电商平台达成交易、进行支付结算，并通过跨境物流送达商品、完成交易的一种国际商业活动。

由于 B2C 跨境电子商务的参与主体是企业与个人，因此在跨境电子商务发展的早期阶段，个体消费者并不是跨境电子商务的直接参与群体，B2C 模式的跨境电子商务贸易量相对较小。但随着跨境电子商务平台的逐渐丰富、完善，为消费者的跨境消费活动提供了条件，越来越多的消费者喜欢、有条件在世界市场中自主进行商品的选购，跨境交易向小额化与碎片化不断发展，交易量不断增长。

3.C2C 跨境电子商务

跨境 C2C 指分属不同关境的个人卖方对个人买方开展在线销售产品和服务，主要通过第三方交易平台实现个人对个人的电子交易活动。

C2C 的特点是可以满足碎片化的用户个性化需求，并形成一定规模。但

C2C 模式还有它固有的痛点：一是销售的商品真假难辨，在获取消费者信任方面还有很长的路要走；二是服务体验的掌控度差，个人代购存在法律政策风险。

4. 跨境电商 O2O

跨境电商 O2O 主要作用于商品消费领域。将线下的商业机会与互联网相结合，让互联网成为线下交易的前台，实现实体资源和虚拟资源的互通。跨境电商 O2O 分为两大类：B2B 跨境电商 O2O 和 B2C 跨境电商 O2O。前者以出口为主，后者又分为跨境电商进口 O2O 和跨境电商出口 O2O。

（二）按照商品流向划分

1. 跨境出口电子商务

跨境出口电子商务指的是将本国生产或加工的产品通过跨境电子商务的方式向境外进行展示和出售，并通过跨境物流将产品运送往国外的一种国际商业活动。

2. 跨境进口电子商务

跨境进口电子商务指的是将国外生产或加工的商品通过跨境电了商务的方式完成进口贸易中的商品展示和交易，并通过跨境物流将国外的商品运送至国内的一种国际商业活动。[①]

（三）按照经营主体划分

1. 企业自营平台

自营企业是指自己生产也自己销售的企业，一般是指生产商本身。这类企业参与跨境电子商务的方式一般是在网上建立自己的网站，或者通过服务平台注册网上黄页或者发布销售或采购信息。

---

① 徐凡. 跨境电子商务基础 [M]. 北京：中国铁道出版社，2017：29-30.

一般拥有自营平台的跨境电子商务企业规模都比较大，产品具有一定的知名度和受众规模，开拓市场能力较强。这是因为在企业发展初期，产品没有知名度时，企业普遍进行线下布局，并辅之以一定的线上渠道，以逐渐提升产品的知名度。这种时候若是采取自营平台的发展方式，一般来说是不恰当的，因为产品的知名度需要通过综合类服务平台进行积累。若没有知名度，自营平台获客就会变得十分艰难，在跨境电子商务领域更是如此。只有公司发展到一定的规模，产品在世界范围内具有一定的知名度，才适合建立自营平台。

由于自营平台的搭建是由企业自身负责，因此，这种类型的跨境电子商务企业需要特别注重自营平台的建设、运营和维护，需要让用户在商品咨询、选购、收货、退换货等方面感受到便利性，提升消费者通过企业自营平台进行消费的意愿。当然，自营平台的建设并不意味着不在其他综合性销售平台进行销售，相反，一般情况下，企业要维持在第三方服务平台或者独立销售平台的业务，因为这些平台的消费者数量庞大，这样做不仅扩宽了销售渠道，而且对于品牌的推广也大有裨益。

2. 独立销售平台

独立销售平台是指独立销售平台运营商与生产厂商签订协议，或由供应商提供产品，进行统一定价销售的独立跨境电子商务平台，一般直接对接海外终端消费者或海外零售商。这类平台的收入来源大部分是销售价格与进货成本之间的差值，当然也会有额外的服务费收入。独立销售平台的运营更为复杂，不仅提供交易平台的大部分服务业务，如物流配送、支付、融资等，还需要维持自身经营，提高作为销售方的市场竞争力。这类企业在经营过程中要注意对进货产品和渠道的管理以及对市场走向的把握。

独立销售平台是跨境电子商务发展早期的主要经营模式，因为企业（主要是生产商）自身的能力有限或者出于成本的考虑，就会选择与独立销售平台进行合作，双方各司其职，由独立销售平台负责商品的销售任务，企业自身只负责产品的生产。这种跨境电子商务运营模式的优点是分工明确，不足之处则是其面对的市场相较于第三方服务平台模式来说较小。

3.第三方服务平台

第三方服务平台是独立于供需双方，向买卖双方提供一揽子服务的运营平台。第三方服务平台是跨境电子商务最为普遍的形式之一，第三方服务平台的主要工作是搭建连接不同区域、不同人群、不同商务环节的桥梁，商品的供需双方通过第三方服务平台进行交易活动。

第三方服务平台本身不直接参与交易过程，而是只提供一个网上的服务平台或服务机制，为供方和需方提供相互选择的环境或基础设施，包括整合信息、促成交易或提供综合服务，如支付、物流、保险、报关等。

第三方服务平台给予了跨境电子商务各参与主体较大的自由，使消费者与企业能够在线上针对商品进行充分交流。由于第三方服务平台的用户规模庞大，商品种类、数量比较多，这种跨境电子商务模式既有利于企业对于商品的推广，还能帮助消费者更好地遴选商品，因此受到企业与消费者的青睐。

当然，第三方服务平台的任务不仅仅是搭建沟通的桥梁，提供交易的线上场地，还需要对交易活动进行监督，为企业与消费者提供相应的保障，保证交易的秩序，维护跨境电子商务参与者的合法权益。同时，第三方服务平台在运营时还需要提供安全稳定的技术平台和公平可信的交易规则。既要保证企业与消费者在平台进行商品交易的安全性，还要保证平台竞争的公平性，并构建优胜劣汰的机制，使真正优质的企业可以在平台上获得更好的发展。

第三方服务平台可以根据服务内容分为第三方信息服务平台、第三方交易服务平台以及第三方综合服务平台等。

4.代经营平台

代经营平台是建立自己的网络销售渠道或销售管理中心，承揽网络销售的外包业务，替生产厂家或外贸经营者从事网上销售的服务商。代营平台最大的优点是具有较强的专业性，自身具有一定的网络销售技巧与销售渠道优势，能够让跨境电子商务企业更加省时、省力、省心。同时，由于代营平台有丰富的运营与销售经验，能够降低跨境商贸活动的风险，让企业少走很多弯路。因此，刚迈入跨境电子商务领域的企业，由于缺乏跨境开展商贸活动的经验，通常会选择通过代营平台进入国际市场。

三、跨境电子商务的特征

跨境电子商务是全球化背景下电子商务国际贸易新业态，跨境电子商务以电子信息技术与现代物流为主要手段，将传统的国际贸易转移到网络之上，提升跨境贸易的效率与质量。跨境电子商务具有鲜明的时代特色与特征，其特征如图 2-2 所示。

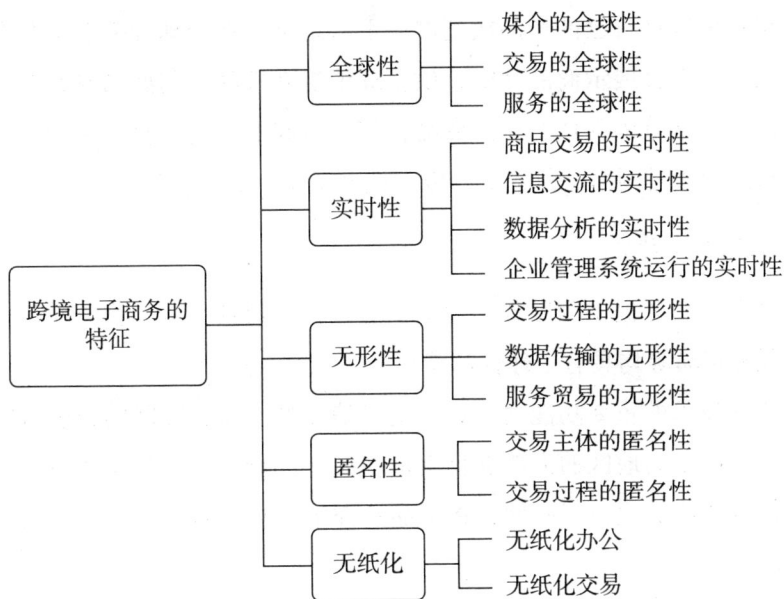

图 2-2　跨境电子商务的特征

（一）全球性

1. 媒介的全球性

全球性是跨境电子商务最为显著的特征之一，"跨境"二字充分体现出其全球性的特点。跨境电子商务本身就是全球化的产物，国家与国家之间的联系日益密切，经济和贸易活动在全球范围内进行，加之信息技术和网络技术的快速发展，跨境电子商务应运而生。

网络作为当代世界信息交流的主要媒介，不受地域的限制，具有全球性的特征，随着互联网的不断发展，逐渐形成去中心化的网络信息交流生态，因此，依托互联网而形成的跨境电子商务同样具有全球性与非中心化的特征。跨境电子商务不需要太多地理因素的考量，这种无边界交易是电子商务与传统商务活动最大的区别。

2. 交易的全球性

跨境电子商务在很大程度上促进了物品的流通与国际贸易的发展，企业与个人用户可以将自己的产品放到网络平台之上，在全球性平台上公布商品的具体信息，充分展示商品性能，供全球消费者选择。与此同时，全球消费者也可以在全球范围内任意挑选商品，打破空间的限制，自由进行物品的选购，交易过程通过网络支付进行，极大提升了交易的便捷性。

3. 服务的全球性

跨境电子商务提供的服务，包括产品宣传、信息咨询、物流配送、售后服务、服务贸易等均具有全球性的特征。

互联网技术的重要功能之一就是促进信息的交流，互联网打破时间与空间的限制，使不同地区的人能够自由地在线上进行交流，具体到跨境电子商务领域，企业能够通过互联网，将商品的详细信息与具体功能介绍给世界各地的人们。

在传统的商贸活动中，企业普遍采取线下宣传与报纸、电视广告的方式介绍自己的产品，但受制于具体的宣传路径与媒体的传播能力，这种方式成本较高、宣传范围有限，对于许多中、小型企业来说很不友好，在跨境商务领域，宣传工作与信息交流更是难上加难。随着电子商务的发展，企业通过网络可以充分实现商品的宣传与信息交流，消费者可以通过浏览相关网站进行商品的搜索与筛选，特别是在跨境电子商务领域，互联网将企业的商品在全球范围内进行展示，在提升宣传能力的同时，极大地缩减了宣传成本，也使全球消费者能够有更多的选择，这是传统商务活动所不具备的功能。

全球范围内的物流配送也是跨境电子商务全球性的重要体现。跨境电子商务在全球范围内展开贸易，有形的电子商务离不开物流配送，跨境商务活动在物流领域突出的特点是物流距离远，因此配送难度相对较高。跨境电子商务则很好地解决了这一问题，首先，跨境电子商务的生产商、供应商、经销商和物流企业可以通过互联网建立远程合作关系，拓宽物流配送的渠道。其次，企业可以与不同区域的物流公司建立合作关系，或通过国际物流服务实现商品在全球范围内的配送。

（二）实时性

1. 商品交易的实时性

跨境电子商务的信息传递是以互联网为媒介的，互联网本身具有信息传输速度快和信息传送量大等特点，且互联网传送信息的速度与地域距离无关，因此，信息传递的实时性即商品交易的实时性也是跨境电子商务的显著特点。

在传统贸易活动中，消费者在购买商品时，由于掌握的相关信息量较少，时常出现对于交易不满意的情况，这是信息交流不及时带来的信息差造成的。信息的不对称也使消费者在购买商品时的选择较少，通常依赖电视、报纸等媒体宣传，或者朋友介绍及个人亲身体验，这些方式限制了消费者对于商品的选择。电子商务的出现则在很大程度上改变了这一现状。电子商务将商品的具体信息呈现在网络平台上，消费者可以及时获取商品的价格变动、更新迭代、参数变化等信息，进而在大量的同类型商品中根据自己的购买标准选择心仪的商品。互联网的即时性优势在跨境电子商务活动中体现得更为明显。

2. 信息交流的实时性

跨境电子商务的实时性不仅体现在商品的交易过程中，还体现在商务活动的各个环节之中。在传统的商务活动之中，企业之间的交流需要面对面进行，或者通过信函、传真的方式，这种方式效率低下，特别是对于跨境企业来说更是如此。较低的交流效率与较高的交流成本使企业之间的交流并不活跃，影响企业之间的合作。在跨境电子商务中，企业之间可以通过线上会议或者电子邮件的方式快速实现商务信息交流，极大地提升了信息交流的效率，使企业能够获取实时信息，且节约了大量人力、物力成本。

3. 数据分析的实时性

跨境电子商务还体现在企业内部的信息管理、客户关系管理、供应链管理、网上市场调研、数据分析、市场行情分析、人力资源管理以及财务管理等领域。跨境电子商务面对的是全球市场，因此，在进行信息管理与发展策划时，需要面对大量的数据。

以行情分析为例，世界市场风云变幻，相关数据搜集、分析、处理得不及时都会造成对行情判断的误差，甚至错误，这种对于市场行情的错判会严重影响企业发展战略的制定。因此，数据的实时性对于企业发展来说尤为重要。许多例子表明，企业的战略发展规划若是不符合时代发展的要求，就会蒙受巨大的经济损失，甚至直接失去市场竞争力，特别是对于跨境电子商务来说，其面对的是全球市场，不同国家的具体产业发展情况与市场需求存在较大的差异，这就对企业信息的获取能力提出了更高的要求。跨境电子商务以网络为依托，能够及时获取行情数据，从而提高数据分析效率，提升行情判断的准确性，为企业做出正确的战略规划奠定坚实的基础。

4. 企业管理系统运行的实时性

相比电子商务，跨境电子商务涉及的商务主体更多、信息量更大、贸易过程更为复杂。保证跨境电子商务企业内部的信息管理、客户关系管理、人力资源管理以及财务管理等领域的准确性与高效性，均需要电子商务发挥作用。在传统的企业内部管理运行机制下，指令的下达、人事的变动、财务的管理等，通常都是通过会议或纸面文件进行的，这种方式不但消耗人力物力，而且效率低下，失误率高。基于互联网技术的管理系统，具有较高的效率与准确性，且节约了大量的管理成本，上述一系列管理活动都可以通过线上的方式来完成，处理过程准确且高效，对于跨境电子商务企业的内部管理具有巨大的促进作用。

（三）无形性

1. 交易过程的无形性

无形性是跨境电子商务与传统商务的显著区别之一，在传统的商品交易中，消费者和企业面对的是实实在在的商品，消费者选定商品后，通过面对面交易或者订单配送的方式完成交易活动。但是在跨境电子商务中，由于距离的限制，交易活动往往难以面对面进行，商品信息查询、选择、订购、支付等环节都是在线上进行的。

在跨境电子商务活动中，商品与服务均是通过数字化的形式呈现给人们的，大量的商品与不同类型的服务通过不同的网络服务平台传输到网络世界的每一个角落，有着不同需求的人们根据网络提供的信息选择商品与服务，最终完成交易。可以说，跨境电子商务是使用"无形"的手段进行有形商品交易的过程，其交易的成果是有形的，但整个交易的过程却是无形的、虚拟的。

2. 数据传输的无形性

数字化传输是通过不同类型的媒介，如数据、声音和图像在全球化网络环境中集中进行的，这些媒介在网络中是以计算机数据代码的形式出现的，因而是无形的。以一个 E-mail 信息的传输为例，这一信息首先要被服务器分解为数以百万计的数据包，然后按照 TCP/IP 协议通过不同的网络路径传输到一个目的地，服务器再重新组织转发给接收人，整个过程都是在网络中快速完成的。

跨境电子商务是以网络技术为依托的，而网络中的数据传输是无形的，因此，从跨境电子商务所依托的技术手段来观察，无形性是跨境电子商务显著的特征。

3.服务贸易的无形性

服务贸易的内容是服务而非有形的商品，包括商业服务、通信服务、建筑及有关工程服务、销售服务、教育服务、环境服务、金融服务、健康与社会服务等。

广义的服务贸易既包括有形的活动，也包括服务提供者与使用者在没有直接接触下交易的无形活动。随着时代的发展，服务贸易日益成为贸易活动的重要组成部分，特别是在跨境电子商务领域，无形的服务贸易发展更为迅速。教育、金融等领域的许多服务可以完全通过线上的方式进行，大大便利了人们的生活。

（四）匿名性

1.交易主体的匿名性

正是因为跨境电子商务具有全球性与无形性的特点，用户量大，且分属不同的国家或地区，因此难以确定用户的信息。跨境电子商务的参与者，无论是商品、服务的提供者，还是消费者，一般都会隐藏全部或者部分个人信息，网络所提供的用户身份、地理位置等信息也具有很强的不确定性。网络作为一个虚拟的平台，为人们提供了自由交流的环境，在现实生活中，人们用真实的身份信息学习、工作、生活，而在电子商务中，匿名行为基本不会影响网络交易过程，而网络的匿名性也允许电子商务的各参与主体这样做。

2.交易过程的匿名性

在传统的商品交易中，部分商品的交易过程需要签收单据，人们通常会将自己的真实姓名签在单据上，而网络为跨境电子商务提供了虚拟的交流平台，人们可以在虚拟的网络世界中自由进行商品与服务交易。在交易的过程中，跨境电子商务各参与主体多是以匿名的形式参与其中，进行匿名交流。

（五）无纸化

1.无纸化办公

跨境电子商务采取无纸化办公模式。信息时代的到来，使计算机取代了传统的纸和笔，成为人们办公的主要工具，实现了无纸化办公。

在传统的商务活动中，纸可以说是最为重要的办公工具之一，文件的传输、信息的传递、合同的签订以及商务活动中的多种票据，都需要以纸为载体。可以说，纸既是人类文明的重要载体，也是日常生产生活中不可或缺的信息记录工具。

跨境电子商务是诞生于信息时代的新商务模式，因此，跨境电子商务企业的办公模式具有鲜明的信息化时代特色。在企业内部管理与办公过程中，企业凭借网络展开管理与办公，通知、公告、会议等均可以通过线上的方式来完成，这种无纸化办公模式不仅提升了办公效率，降低了企业的成本，而且节约了大量的资源，十分符合现代环保的理念。

2.无纸化交易

在跨境电子商务中，商品运输距离长，商务活动参与各方距离较远，以纸作为信息记录与交流的工具会导致信息交流时间过长，严重降低跨境电子商务交易的效率。同时，由于贸易的迅速发展，其中涉及商品的种类繁多，数量庞大，无论是物流还是海关，将纸张作为信息记录的主要工具将难以应付大量的商贸交易。[①] 因此，在跨境电子商务的整个运行环节，计算机几乎取代了纸张，成为信息交流与记录的主要工具。

第二节　跨境电子商务的产生与发展

跨境电子商务是在经济全球化不断发展的背景下，电子商务发展到一定阶段产生的新贸易形式。跨境电子商务虽然只比电子商务多了"跨境"二字，

---

① 徐凡.跨境电子商务基础 [M].北京：中国铁道出版社，2017：27-29.

但在具体内涵与商务模式上，双方之间还是存在一定的差别。跨境电子商务是电子商务与国际贸易的结合，发展历程较短，无论是政府、社会还是学术界，对于跨境电子商务的探索与研究方兴未艾，我国高校的跨境电子商务专业也于 2020 年正式设立，致力培养专业的跨境电子商务人才。跨境电子商务逐渐从电子商务的概念框架中独立出来的过程，也是跨境电子商务发展的过程。因此，本书将从跨境电子商务的产生背景、内涵以及发展的总体状况等来考察跨境电子商务的发展历程。

一、跨境电子商务的产生背景

（一）经济全球化趋势日益加深

全球经济一体化程度加深的重要推动因素之一就是跨国公司在全球范围内的扩张，跨国公司业务的不断发展促使生产要素在全球范围内进行重组。跨国公司的扩张促进了商贸活动的全球化发展，生产性服务业的全球需求也在不断增长。

在跨国公司进行全球扩张的同时，世界新兴经济体的经济发展取得了巨大的成效，市场开放程度越来越高，生产和消费能力得到巨大的提升，人们对境外商品的需求欲望提升。随着生产、消费、市场全球一体化趋势不断加强，多国政府与国际组织也积极推动国际贸易的发展，国家（地区）之间的贸易协定大量签订，贸易全球化水平进一步提升，跨境贸易迅速发展。

（二）传统国际贸易呈现疲软态势

2008 年国际金融危机的爆发给世界经济的发展带来沉重的打击，随后各国经济增长均放缓了脚步，全球范围内的传统国际贸易呈现疲软态势。在后金融危机时代，各国都在探寻经济发展的新路径，与传统国际贸易形成鲜明对比的是，跨境电子商务在近年来实现了高速增长，跨境电子商务的迅速崛起成为全球经济发展的又一驱动力。

（三）关联基础设施的发展与完善

　　跨境电子商务的基础是电子信息技术、互联网技术、国际物流能力、国际支付与结算技术等相关技术的基础设施建设，由于跨境电子商务面对的是世界市场，涉及众多技术领域，因此，若没有相关基础设施的支持，跨境电子商务将难以实现。

　　跨境电子商务是基于互联网技术得以实现的，网络基础设施建设提高了互联网的覆盖率，提升了网络速度，为跨境电子商务市场的扩大奠定了技术基础。交易是跨境电子商务关键的环节，交易的安全与否直接影响到人们对于跨境电子商务的使用，支付技术与金融网络的建设为跨境电子商务提供了安全、方便的支付载体。交易活动离不开物流，而跨境电子商务最为显著的特点之一就是商品的运输距离长，以交通运输与物流网点为代表的物流基础设施建设，满足了跨境电子商务产品的调配与运输需求。

二、跨境电子商务内涵不断丰富

（一）跨境无纸贸易

　　2004 年，在 APEC 第 16 届部长级会议上，电子商务指导小组提出《APEC 跨境无纸贸易行动策略》，为 APEC 无纸贸易的实施制定了行动框架和时间表。跨境无纸贸易是指，至 2006 年，感兴趣的经济体可参与电子原产地证书、电子卫生证书和电子检疫证书跨境传输的探路者计划。到 2010 年，大多数成员经济体应实现国内无纸贸易，并进行跨境海关数据传输试点项目。到 2020 年，在整个亚太地区建立一个全面的无纸化贸易环境，在全区内实现贸易相关信息的电子数字传输，借以减少和消除在贸易管理、报关、国际运输和财务结算中需要的纸质文件，最终实现亚太地区全面无纸化贸易环境的目标。

（二）E 国际贸易

E 国际贸易（E-International Trading）作为一个新兴的概念被许多学者提出。简单地说，凡是通过电子商务进行的国际贸易活动，都可称为 E 国际贸易。E 国际贸易主要是相对传统贸易活动（如电话、传真等）而言的，现在所说的 E 国际贸易主要是指基于互联网技术而开展的国际贸易活动。对进出口商而言，从网上寻找买家、在网上报价、网上洽谈，直到最后收款，都属于 E 国际贸易的范围。E 国际贸易的核心仍然是国际贸易所涵盖的内容，电子商务只是其承载的工具和手段，以网络为所有信息的载体，以网络来完成信息流的快速传送，从而最大限度地缩短以往物流传送所耗费在信息流上的时间。其间保证信息准确、保密而不被修改，使其成为交易双方共同认可的信息，是 E 国际贸易成功的关键。

（三）全球电子商务

全球电子商务是指在全世界范围内进行的电子交易活动，参加电子交易的各方通过网络进行贸易。全球电子商务涉及有关交易各方的相关系统，如买方国家进出口公司系统、海关系统、银行金融系统、税务系统、运输系统、保险系统等。

全球电子商务是主要针对全球商务活动的电子商务。全球贸易活动中，交易行为一般涉及政府的行政管理部门、贸易伙伴和相关的结算、运输、商检等商业部门，全球贸易的交易行为和过程本身并不直接针对市场上的消费者。因此，全球电子商务只是包括了商业机构对商业机构、商业机构对行政机构的电子商务活动。贸易伙伴之间以及贸易伙伴与银行、运输、保险、商检、海关和政府等相关部门传输订单及相关单据和文件成为全球电子商务活动的主要内容之一。

三、跨境电子商务发展的总体状况

（一）跨境电子商务介于实物与虚拟之间

1. 商务活动内容虚实结合

跨境电子商务的本质仍然是电子商务，是以信息技术与网络联系为技术基础，通过线上方式进行的以商业贸易和服务为中心的各种商业活动，只不过跨境电子商务是在全球范围内展开的。

跨境电子商务的内容涉及多个领域，包括贸易、金融、教育、管理、医疗、保险、旅游等，在这些领域中，既有看得见、摸得着的有形商品交易，如各种类型的货物，也有无形的贸易活动，如金融、教育、保险等服务。

跨境商务活动是基于区域需求与供给的不匹配而形成的，区域内的生产结构不能完全满足消费者的需求，消费者就会将目光投向域外市场，而消费的内容本就是介于实物与虚拟之间的，既有有形商品消费，也有无形商品消费。随着时代的发展，人们对教育、娱乐、金融、服务、保险等无形商品领域的消费需求逐渐上升，这些领域的消费在跨境电子商务中所占的比重也在不断提升。

2. 商务活动途径虚实结合

传统的国际贸易历史悠久，广义上来讲有数千年的历史，真正具有全球意义的国际贸易则是以大航海时代为开端的，但是直到网络出现之前，国际贸易的基本形式均未发生质的改变，仍通过传统的交易模式进行商品交易。跨境电子商务的出现改变了以往国际贸易的交易模式，利用互联网实现了不同区域商务主体之间的信息流、资金流、物流、商流的便捷流转，商务活动无须再借助面对面交易来实现，国际贸易的交易模式产生重大改变，国际商务主体通过互联网不断优化自身的管理模式以及经营模式。

在跨境电子商务的商品交易中，既包括有形的商品交易，也包括无形的商品和服务交易，这些交易的实现路径也是线上线下相结合的。在跨境电子商务的有形商品交易中，消费者在网络交易平台上通过文字、图片、影像等描述了解商品的功能、质量等一系列信息，并进行商品的查询、选购、支付，这是一种具有虚拟性质的购物过程。在这一过程中，商家在网络平台上所展示的商品也是以虚拟形象出现的图片、影像等，但是，商品本身是实实在在的物品，商品的配送也是通过现实中的物流来实现的。因此，从商品交易来看，跨境电子商务是虚实结合的。

电子商务不仅包括贸易活动，还包括企业内部管理、商务交流、客户关系管理和供应链管理等一系列商务活动，跨境电子商务亦是如此。在跨境电子商务中，除了商品交易，其他一系列商务活动的开展也是虚实结合的。以企业的内部管理系统为例，跨境电子商务企业一般采取线上办公的模式，企业的内部管理与信息通知均是通过网络实现的，有些跨国公司的不同部门分布在不同的国家和地区，信息沟通与交流都是通过线上完成的。线上办公的模式能极大提升工作的效率与数据处理的准确性，而办公的主体则是人，跨境电子商务的其他商务活动也是一样。随着跨境电子商务的不断发展，这种虚实结合的模式愈发成熟完善。

（二）跨境电子商务模式以 B2B 为主

随着全球贸易活动的不断发展，不同商务活动主体之间的交流日益频繁，其中最为活跃的当属 B2B 跨境电子商务模式。虽然为了适应国际市场的需求，跨境电子商务不断发展出新的模式，但 B2B 模式仍然是跨境电子商务最重要的组成部分。

企业是最活跃的跨境电子商务主体之一。大量的企业为了拓展市场，扩大品牌知名度，提升市场竞争力，通过互联网寻找商机，与众多的企业建立贸易伙伴关系，大力开展商务交流活动。企业之间贸易伙伴关系的建立与商务合作的开展是市场驱动下的自发行为，是一种具有很强积极性的商业行为，特别是在跨境电子商务领域，企业之间的合作促进了商品与服务的跨境流通，激发了市场活力，为人们的消费活动提供了更多的选择，并进一步带动了区域经济增长。

（三）跨境电子商务的法律环境日趋规范

1981 年，欧盟首先推出一套网络数据贸易标准，即《贸易数据交换指导原则》（以下简称《原则》），对网络数据交易行为进行了规范。随后，不同国际组织和国家推出了大量涉及电子商务和贸易的框架协定和文件，为跨境电子商务的发展提供了良好的法律保障。

2010 年，联合国国际贸易委员会开始起草"跨境电子商务交易网上争议解决：程序规则"，并取得了重要进展。此外，美国、德国等多个国家或地区还制定了电子签名和数字交易的法律和标准，为跨境电子商务的开展奠定了基础。

2018 年，欧盟制定了《通用数据保护条例》，条例中的内容涉及个人敏感数据、数据主体的权利、数据泄露和通知等多个方面，为跨境电商处理用户数据提供了明确的法律框架，如保护消费者的个人信息不受到侵害，此外，还为跨境电商活动提供了有力保障。与此同时，联合国贸易和发展会议持续推动跨境电商立法的国际协调，鼓励成员国采用统一标准，减少法律障碍，跨境电子商务中包含的诸如税收、关税壁垒、消费者保护等相关问题，也在国际合作的框架下得到妥善解决，促进了跨境贸易的顺利开展。

2019 年 8 月，亚太经合组织（APEC）经济委员会审议通过了《APEC跨境电商（B2B）在线争端解决合作框架》及《示范程序规则》，鼓励通过在线谈判、调解、仲裁等非诉讼纠纷解决方式帮助中小微企业解决跨境电商纠纷，以便为企业跨境小额商事争议提供快捷、低成本的服务，以增强跨境商业互信，促进亚太地区营商环境的健康可持续发展。

跨境电商的迅猛发展也对消费者权益保护提出了新的要求。为此，各国纷纷修订相关法案，以加强对消费者的保护力度。例如，在网络消费争议解决方面，各国普遍引入了在线纠纷解决机制，目的是保障消费者的合法权益，同时提高纠纷解决的效率。

为了优化跨境电商出口企业的通关环境，促进跨境电商的发展，并进一步推动我国外贸经济实现高质量发展，我国海关总署宣布自 2024 年 12 月 15日起施行多项优化跨境电商出口监管措施，包括取消跨境电商出口海外仓企业备案、简化出口单证申报手续、扩大出口拼箱货物"先查验后装运"试点、推广跨境电商零售出口跨关区退货监管模式等。

B2B 跨境电子商务模式的发展离不开国家政策的支持,以我国为例,随着我国跨境电子商务的迅猛发展,特别是在 2013 年以后,各级政府出台一系列政策和法规,助力跨境电子商务的发展,规范跨境电子商务的市场。作为跨境电子商务最为活跃的部分,B2B 跨境电子商务在政策的支持下不断提升交易数额,获得了长足的发展。

(四)跨境电子商务发展不平衡但潜力巨大

受各国经济发展状况、经济发展模式以及跨境电子商务相关基础设施建设水平等因素的影响,跨境电子商务在全球范围内的发展并不平衡。发达国家因为网络、通信、物流等领域的基础设施较为完善,因此其跨境电子商务发展具有良好的基础条件,如美国工业化水平较高,是全球的金融中心,韩国则是世界上网络速度最快的国家之一。部分后发国家的跨境电子商务的相关配套体系尚处在建设之中,因此跨境电子商务的发展暂时较慢。

在全球跨境电子商务的参与国家中,中国、俄罗斯、智利等国的跨境电子商务在政策环境、技术水平、应用层次和效果上处于极有潜力的发展阶段。

第三节　我国跨境电子商务的发展状况

一、我国跨境电子商务的发展历程

(一)第一阶段(1999—2003 年)

我国跨境电子商务第一阶段是以线上展示、线下交易的外贸信息服务为主要的商业模式。跨境电子商务第一阶段第三方平台主要的功能是为企业信息以及产品提供网络展示平台，并不在网络上涉及任何交易环节。此时的盈利模式主要是向进行信息展示的企业收取会员费（如年服务费）。跨境电子商务第一阶段发展过程中，逐渐衍生出竞价推广、咨询服务等功能，为供应商提供的一条龙信息流增值服务。

在跨境电子商务第一阶段中，阿里巴巴国际站、环球资源网是典型的代表平台。阿里巴巴企业成立于 1999 年，以网络信息服务为主、线下会议交易为辅，是中国最大的外贸信息黄页平台之一。环球资源网于 1971 年成立，前身为亚洲资源网，是亚洲较早的贸易市场信息提供者，并于 2000 年 4 月 28 日在纳斯达克证券交易所上市，股票代码为 GSOL。

在此期间还出现了中国制造网等大量以供需信息交易为主的跨境电子商务平台。跨境电子商务第一阶段虽然通过互联网解决了贸易信息面向世界买家的难题，但是依然无法完成在线交易，对于外贸电商产业链仅完成信息流整合环节。

（二）第二阶段（2004—2012 年）

这个阶段，跨境电子商务平台开始摆脱纯信息黄页的展示行为，实现了线下交易、支付、物流等流程的电子化，并逐步开始在线交易。与第一阶段相比，此阶段更能体现电子商务的本质，借助电子商务平台，通过服务、资源整合有效打通上下游供应链，包括 B2B 平台及 B2C 平台两种模式。这一阶段，B2B 平台模式为跨境电子商务主流模式，通过直接对接中小企业商户实现产业链的进一步缩短，扩张商品销售利润空间。

在此阶段，第三方平台实现了营收的多元化，同时发展出后向收费模式，将"会员收费"改为以收取"交易佣金"为主，即按成交效果来收取百分点佣金，还通过在平台上营销推广、开展支付服务、开展物流服务等获得增值收益。

（三）第三阶段（2013 年至今）

2013 年是跨境电子商务重要的转型年，跨境电子商务全产业链都出现了商业模式的变化。随着跨境电子商务的转型,第三阶段"大时代"随之到来。

首先,第三阶段具有大型工厂上线、B 类买家成规模、大额订单比例提升、大型服务商加入和移动用户量爆发五方面特征。其次,第三阶段服务全面升级,平台承载能力更强,全产业链服务在线化也是第三阶段的重要特征。在跨境电子商务第三阶段,用户群体由创业草根向工厂、外贸公司转变,且具有极强的生产设计管理能力。平台销售产品由二手货源向一手货源好产品转变。第三阶段的主要卖家群体正处于从传统外贸业务向跨境电子商务业务艰难转型期,生产模式由大生产线向柔性制造转变,对代运营和产业链配套服务需求较高。最后,第三阶段的主要平台模式由 C2C、B2C 向 B2B、M2B(生产商直接面对经销商)模式转变,批发商与买家的中大额交易成为平台主要订单。

2016 年以来,在政策支持与技术创新的双重驱动下,我国跨境电商行业发展成果显著,在优化对外贸易和推进产业升级等方面发挥了重要作用。从政策层面来看,政府相继推出跨境电商零售进口税收优惠、跨境电商综合试验区建设以及通关流程简化等举措,为企业构建更宽松的营商环境,提供更高效的物流保障。这种合力使跨境电商在商品品类、交易规模与消费人群方面得到全面扩容,大幅降低了中小企业出海门槛,促进了传统外贸产业的数字化转型。从技术创新方面来看,大数据、云计算、区块链等新技术在跨境电商供应链管理和交易流程中得到深度应用,这使商家可以更准确地预测消费趋势,更灵活地调配货源并开展精细化运营,从而在全球范围内实现高效的资源配置,更加快速地响应市场需求。由此带来的交易效率提升与成本优化,不仅提升了中国跨境电商平台在国际市场的竞争力,还进一步塑造了中国品牌在海外消费者心目中的新形象,为中国商品和服务的"走出去"提供了成熟的平台。

在消费端,随着国内居民可支配收入的持续上升以及对品质消费的日益重视,越来越多的消费者将跨境电商视为获取国际优质商品的重要渠道。各大电商平台借助技术手段不断优化用户的购物体验,推出定制化推荐、数字化支付以及全渠道售后服务,将高质量的海外产品与多样化的消费场景深度融合，加速形成了跨境电商新生态。电商直播、短视频营销等新兴宣传模式在跨境贸易中的广泛应用，也为跨境商品的流通提供了新的媒介，拓展了新的渠道，通过兼具互动性与即时性等传播特点的宣传手段，有效提升了跨境电商产品的曝光度和品牌认知度。这些全新的营销策略与高效的供应链体系相辅相成，为促进全球贸易网络互联互通做出了积极贡献，推动我国跨境电商行业不断迈向高质量发展的新阶段。

二、我国跨境电子商务发展的特点与可提升空间

（一）我国跨境电子商务发展的特点

近年来，我国跨境电子商务迅猛发展，交易规模不断实现新的突破，跨境电子商务的广度与深度也不断得到拓展，我国跨境电子商务发展的特点如图 2-3 所示。

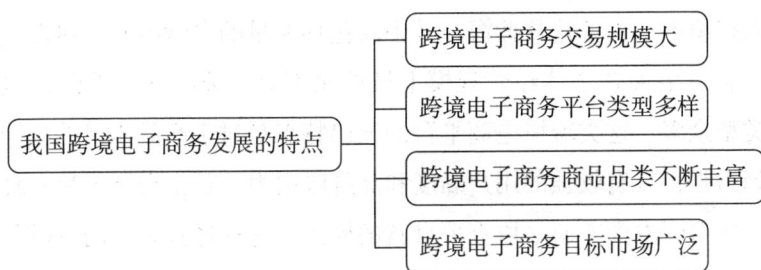

图 2-3 我国跨境电子商务发展的特点

1.跨境电子商务交易规模大

随着电子商务产业的不断发展，以国内贸易为主的电子商务市场已经形成了一套相对成熟的发展模式，电商巨头在国内电商市场中占据着较大的份额，且电商平台之间竞争激烈，对于想进入该行业的传统或新兴企业来说，在激烈的市场竞争中崭露头角并非易事。跨境电子商务作为新兴行业，为电商企业提供了更多发展机会，电商企业可以在更为广阔的国际市场中开展业务，且跨境电子商务以电子商务平台为依托，省去了传统跨境贸易中的中间

环节，使跨境电商企业能够直接与海外零售商与消费者进行交易，节约了时间成本和中介环节产生的费用，因此具有更高的利润空间。

2.跨境电子商务平台类型多样

随着近年来我国跨境电子商务的迅速发展，新业态与新模式不断涌现，作为跨境电子商务开展的重要依托的跨境电子商务平台，呈现出多样化的发展趋势。总体来看，中国跨境电子商务平台主要分为三个类型。

（1）跨境电商大平台。天猫国际是跨境电商大平台的代表，其显著特点是开展跨境电子商务业务的时间较早，经营规模较大，具有相对完善的经营与发展模式，有广阔的用户市场和数量庞大的客户群体。这类电商企业本身具有较强的实力，在用户产生跨境消费需求后便开始拓展跨境电商的市场，因此也可以说，在跨境电商大平台中，有相当一部分企业的跨境电商业务是其业务的衍生分支。

（2）新生代自营电商。随着跨境电子商务的迅速发展，越来越多的经营主体涌入跨境电子商务这片蓝海，其中就包括大量的自营电商，典型代表即考拉海购。自营电商在个体经营规模上虽然比不上跨境电商大平台，但是数量庞大，类型众多。这类跨境电商平台的突出特点是对于产品质量的把控较为严格，品牌力强，具有较强的用户黏度和品牌吸引力，且全交易流程管理体系完备。新生代自营电商普遍采取直采自营的模式，这种经营模式的基础是强大的供应链，能为产品跨境交易的各个环节提供强有力的保障。

（3）创业型中小平台。创业型中小平台是新兴的一种经营平台，其特点是商品品类比较集中，目标消费群体有一定的共性，运营模式独特且多样化。创业型中小平台由于出现时间较晚，进入市场时规模较小，自身不具备强大的商贸管理系统与供应链系统，因此，若想更好地立足跨境电商行业就需要另辟蹊径，通过具有明确指向性的高质量产品形成品牌效应，吸引特定的消费群体。与跨境电商大平台注重"面"的发展不同，创业型跨境电商中小平台注重发挥"点"的作用，集中力量开展特定业务，面向具体的消费群体，增强消费群体的黏性，可以在庞大的跨境电商行业中搏出一片新天地。

3.跨境电子商务产品品类不断丰富

跨境电商平台最早以销售电子配件、3C产品、珠宝等易于跨境运输的产品为主，随着跨境电子商务在全球范围内的迅速发展，作为跨境电子商务配套产业的跨国物流产业也迎来了高速的发展，跨国物流能力的进一步提升，又反过来推动了跨境电子商务向更广阔的市场开拓业务。

2016年以后，跨境电子商务涉及的商品呈现出逐渐向汽车、家居等大件商品扩展的趋势。随着跨境电子商务平台的不断发展，不同类型的电商平台均根据自身的定位在全球范围内开展业务，既有业务广泛的大型跨境电商平台，又有开展具体类型贸易的中小型跨境电商平台。商品的类型从电子产品到汽车汽配、从服装服饰到家居园艺，从健康美容到户外用品，基本覆盖了人们日常生活的方方面面。

跨境电子商务企业拓展市场的重要手段之一就是丰富商品品类，满足更多消费者的需求，这既是行业发展之道，也是企业生存之道。目前，跨境电子商务发展方兴未艾，随着物流产业的不断发展与科学技术的不断创新，跨境电子商务的企业将不断丰富其业务所覆盖的商品品类。

4.跨境电子商务目标市场广泛

我国跨境电子商务的目标市场非常广泛，涉及的国家与地区非常多。这些国家与地区的跨境电子商务发展状况各不相同。

美国、英国、德国、澳大利亚等国家在跨境电子商务领域属于先发国家，跨境电子商务产业的发展相对成熟，物流基础设施较为完善，且电子支付环境相对安全，民众对跨境电子商务也比较熟悉。在与这些国家开展跨境电子商务时，贸易双方均能通过规范、标准的业务流程与完善的基础设施实现高效的贸易往来。因此，我国十分重视与这些国家之间的跨境电子商务贸易往来，同时，我国的跨境电子商务企业也在进一步挖掘这些国家和地区消费者的深层次需求，以更好地拓展业务。

俄罗斯、巴西、印度、东南亚等国家和地区因其国内不断增长的需求，也在跨境电子商务领域寻求突破，并推出一系列促进跨境电子商务发展的政策。这部分国家和地区有庞大的市场，但本土的电子商务产业并不发达，难以满足广大消费者的消费需求。中国生产能力处于世界前列，产品物美价廉，深受世界消费者的喜爱，特别是这些国家和地区的市场中更是具有巨大的优势，这成为我国发展跨境电子商务产业的重要动力。

当然，我国跨境电子商务的目标市场不能仅仅局限于跨境电子商务发达和消费市场广阔的地区，还应该重视与世界欠发达国家和地区之间的合作。这些地区基础设施相对落后，跨境电子商务发展较差，但是许多国家具有较大的发展潜力，同时存在巨大的市场潜力，拓展这些国家和地区的市场，需要由政府进行推动，出台相关扶持政策，支持和鼓励跨境电子商务相关企业向这些国家和地区拓展业务。

（二）我国跨境电子商务发展的可提升空间

跨境电子商务是信息时代的产物，顺应了人们的消费需求与时代发展的潮流，自诞生伊始就展现出强劲的发展势头。我国经济与科技发展水平的迅速提升以及自身庞大的消费市场与出众的生产能力，使得跨境电子商务的发展速度尤为迅猛。当然，我国跨境电子商务仍然有很大的提升空间，具体内容如图2-4所示。

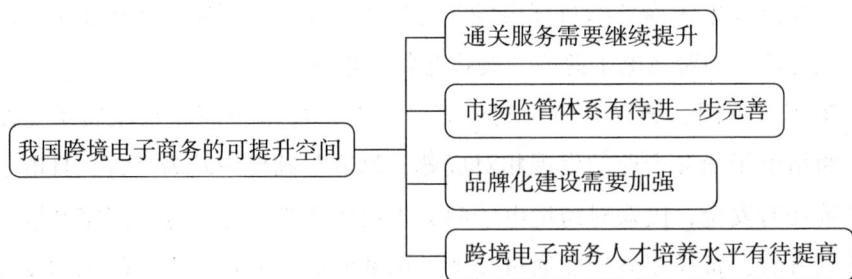

图2-4　我国跨境电子商务的可提升空间

1.通关服务需要继续提升

对于电子商务行业来说，效率是贸易过程的重要依据之一。跨境电子商务的物流涉及通关问题，因此通关效率对于跨境电子商务的开展具有重要的影响。由于通关手续相对烦琐，很容易导致跨境电子商务的时效性得不到保障。同时，跨境电子商务贸易商品的碎片化特点，也使得其通关效率较低。为此，我国近年来不断优化海关服务，政府与海关共同建设电子商务通关服务平台与电子商务通关管理平台，为跨境电子商务提供服务，提升跨境电子商务产品的通关效率，并对跨境电子商务实施监管。跨境电子商务的飞速发展对贸易效率提出了更高的要求，政府与海关还需继续通力合作，不断优化跨境电子商务的通关服务，提升通关效率。

2. 市场监管体系有待进一步完善

由于跨境电子商务兴起较晚且发展迅猛，我国关于跨境电子商务的法律法规建设和市场监管体系尚需进一步完善。跨境电子商务具有全球性、无形性和匿名性等特点，在提升贸易效率、简化贸易流程、方便人们交易的同时，也对跨境电子商务的市场监管提出了巨大的挑战。部分跨境电子商务企业通过电商平台进行虚假宣传，销售劣质商品，非法交易与欺诈的情况时有发生。另外，跨境电子商务还存在国内外商品标准体系不同步的现象。为此，国家应进一步完善市场监管体系和跨境电子商务的相关法律法规，使跨境电子商务的监管做到有法可依。

3. 品牌化建设需要加强

我国跨境电子商务的迅猛发展很大程度上是源于我国制造大国的优势，我国制造业规模庞大、生产效率高，物美价廉是我国商品的显著标签，也是其在世界市场上畅销的重要原因。

品牌建设对于企业的发展具有显著的促进作用，良好的品牌建设能够促使企业生产出高质量的产品，并借此吸引一大批消费者，提升目标消费群体的忠诚度。同时，品牌能够帮助企业将生产出的产品与其他同类型商品区别开来，品牌一旦建立成功就能够在激烈的市场竞争中占据一席之地。品牌建设还能够帮助企业节约新品进入市场的成本，一般新商品的推出需要花费大量的成本用于宣传上，但品牌建设良好的企业能够充分利用自身的品牌效应，使消费者快速接受和认可新商品。

4.跨境电子商务人才培养水平有待提高

由于跨境电子商务发展的时间相对较短，因此，其行业的从业人员素质参差不齐，多是由电子商务行业、信息技术行业、国际贸易行业以及物流行业的从业人员构成，缺乏专业的跨境电子商务人才。另外，我国跨境电子商务人才培养体系建设尚不完善。从学校教育来看，高校跨境电子商务专业设立的时间相对较短，教师素质有待提升，课程体系建设还在构建之中，从高校教育到培养成人才进入行业开展工作尚需一定的周期。

综上所述，随着近年来我国对于跨境电子商务教育重视程度的不断提升，大量的人才补充进入跨境电子商务行业之中，为行业的发展做出了巨大的贡献，但是目前仍然存在一定的人才缺口，因此，需要继续加强跨境电子商务人才培养的力度。

第三章　高校跨境电子商务人才培养概述

第一节　高校跨境电子商务人才培养的理论基础

一、人力资本理论

（一）人力资本理论的提出

人力资本理论源于经济学的研究，是经济学的重要理论之一，于 20 世纪 60 年代由美国经济学家西奥多·舒尔茨（Theodore Schultz）和加里·S. 贝克尔（Gary S. Becker）创立。该理论将资本划分为物质资本与人力资本。

该理论认为，物质资本指的是人类生产活动中所包含的物质产品的资本，包括机器、原材料、厂房、土地等；人力资本则是作用在生产者身上的资本，即对生产者进行教育、培训以及其他方式的培养等项目的投资，表现为生产者自身拥有的知识、技能、经验等综合素质的总和。

相比物质资本，人力资本自身具有显著的特点：第一，人力资本是基于人的身体而产生的，因此人力资本是不能买卖的，只能通过租赁的形式发挥其价值。第二，人力资本具有时效性和个体差异性，这是因为人力资本效能的发挥是与人的个体活动紧密相关的。人类不是机器，不会始终开展同一生产活动，即使从事同类型的工作，也很大概率不会永远坚持在同一岗位、同一地点。另外，人类个体之间存在巨大差异，这种差异体现在性格、价值观、行为方式、知识与能力等各个方面。第三，人具有社会性，因此，人力资本不是一种经济资源，而是一种社会资源，其对经济增长的促进作用要强于物质资本。

（二）人力资本理论的内容

1. 人力资本的作用大于物质资本的作用

在现代化的生产条件下，劳动生产率的大幅提升正是人力资本不断增长的结果。从另一个角度来看，生产技术的提升也是人们在社会实践的基础上，充分发挥主观能动性，进行科技创新的结果。20世纪中期，世界上许多国家在废墟上迎来了经济的迅速发展，这正是重视人力资本投资的结果。如果不重视人力资本的投资，物力资本投入再多也无济于事。

当然，经济的增长是人力资本与物力资本共同作用的结果，二者缺一不可。在生产实践中，应该重视人力投资与物力投资的协调，以保证经济健康发展。

2. 人口质量重于人口数量

人力资本主要包括两个方面的内容：其一是人口质量，即人口素质；其二是人口数量。相比人口数量，人力资本理论更加强调人口质量的重要性。在农业社会，人口数量对于国家的发展具有显著的作用，但是当人类历史迈入工业社会乃至信息化社会后，劳动力素质就成了社会生产力发展的首要推动力。在当今时代，人口素质的提升也是创新的重要源泉，是提升生产力水平的重要前提。可以说，空有数量而没有质量的人力资源，难以促进经济的发展。

3. 人力资本投资的核心是教育投资

人口质量的提升是人力资本理论的关键内容，人力资本投资是提升人口质量的重要途径，而人力资本投资最常见也是最有效的方式就是加大教育投资力度。纵观世界上社会经济发展水平较高的国家，绝大部分都对教育非常重视。不同国家或地区的人们在先天素质上并无较大差异，但由于后天教育条件的不同，人口素质之间的差距就会逐渐显现，最终造成不同国家之间的发展差距。教育投资具有一定的滞后性，但从长远的眼光来看，相对于短期的物质投资来说，教育投资的回报要远高于物质投资，这也是人力资本的作用大于物质资本作用的体现。[①]

（三）人力资本投资的形式

人力资本投资的形式有许多种，从纵向看，涵盖了个体成长过程中为丰富知识、提升技能所进行的各项投资；从横向看，包括个体为创造更多价值而进行的一系列投资。人力资本投资形式的具体内容如图3-1所示。

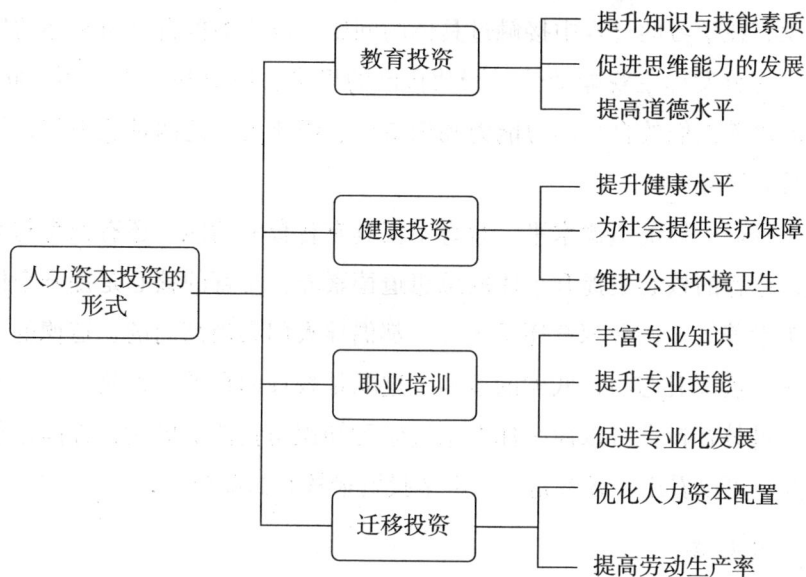

图3-1　人力资本投资的形式

---

① 崔静静，龙娜娜，房敏，等. 新时代地方本科院校"双师型"教师队伍建设研究 [M]. 北京：冶金工业出版社，2020：41-42.

1. 教育投资

教育投资是人力资本投资的核心组成部分，是人力资本形成的最主要途径。教育投资指的是付出一定的成本来获得正规、系统的学校教育机会。教育对于人力资本的促进作用主要表现在以下几个方面。

（1）提升个体的科学文化知识与技术水平。教育的首要任务就是传授知识与技能，受教育者通过教育活动既可以丰富自身的科学文化知识，也可以提高自己的技术水平。丰富科学文化知识可以提升受教育者的认知能力，提高技术水平可以帮助受教育者提升工作效率。

（2）培养和提升个体的思维能力。教育是智育的主要方式，教育不仅有传授科学文化知识与专业技能的能力，还能通过教学活动锻炼受教育者的思维能力。思维能力的提升可以帮助个体更好地应对形形色色的问题，即使受教育者没有在学习的过程中接触过具体的问题，也能根据自己所掌握的知识与技能，充分发挥主观能动性，调动自己的思维去应对和解决问题。此外，教育还能培养人们的自主学习能力和创造性思维能力，这两种能力都是提升个体素质必不可少的。

（3）提高个体的道德水平。教育不仅具有智育的功能，还有德育与美育的功能，德育的核心是提升个体的思想道德素养，美育的核心是提升个体的综合审美素养。无论是德育还是美育，都倡导人们崇尚高尚的、道德的、美好的事物，远离丑恶的、低劣的事物，这既是教育的目的，也是教育开展的途径。通过教育投资可以使个体在系统学习知识与技能的同时，提高道德水平，由此也可以看出，教育是人力资本投资最核心的部分。

2. 健康投资

健康投资指的是通过医疗、卫生、保健的投资提升人们的健康水平，进而提升人们的生产能力。人力资本的核心载体是人，人的生产能力是通过身体机能发挥作用而产生的。因此，无论从事脑力劳动还是体力劳动，健康的身体都是人们进行生产活动最重要的前提。健康投资旨在保障个体的身体健康，只有以健康的身体为前提，个体才能创造更多的价值。

3.职业培训

职业培训与学校教育相对应，是一种由社会组织的教育投资，职业培训的组织者是企业、培训机构等社会组织，目的是丰富人的技能，使人能够更好地开展生产活动，创造更多的价值。职业培训是学校教育的重要补充，是个体迈出校园、走向工作岗位后获取知识与技能的重要途径。职业培训具有很强的目标指向性，根据个体所从事的具体职业开展培训、强调个体专业能力的提升，对人力资本的形成和提升具有很强的推动作用。

4.迁移投资

迁移投资是人口或劳动力出于获取更多利益、提升收入水平或满足自身偏好的目的，从一个地方或者产业转移到另一个地方或者产业所付出的成本。这种投资可以提升人力资本的配置效率，使人力资本的配置更加科学合理，进而创造更多的价值。劳动力的流动本身不能增加人力资本的存量，但是通过劳动力的流动，能够优化社会各产业之间的人力资本配置，进而提升劳动生产率，产生更多的价值。因此，迁移投资也是人力资本投资的途径之一。

二、产学研合作理论

（一）产学研合作理论概述

产、学、研对应的主体分别是企业、高校与科研机构，产学研相结合指的就是生产、教育与科研三种不同类型的社会活动的协同化发展。企业、高校与科研机构充分利用自身的资源优势，发挥自身的功能，形成合力，使生产、教育与科研相辅相成、互相促进。教育为社会与行业培养高素质人才；科研实现企业的技术创新，提升企业竞争力和行业发展水平；企业为教育和科研提供实践场所与资金支持，促进二者发展，学校、企业与科研机构共同努力，最终实现产学研共同发展。

在产学研合作发展模式中，企业是生产活动的主体，也是技术和人才的需求方，教育与科研的直接目的是为企业提供人才和智力支持。我国十分重视对应用型人才的培养，产学研合作的理论帮助国家探索出了一套应用型人才培养的新模式。2010年，国务院常务会议审议并通过的《国家中长期教育改革和发展规划纲要（2010—2020）》明确提出要创立高校与科研院所、企业、行业联合培养人才的新机制。近年来，我国产学研合作在政府政策指引与市场需求的推动下取得了显著进展。从宏观层面看，自2017年起，国家出台了以《国务院办公厅关于深化产教融合的若干意见》为代表的一系列文件，鼓励高等院校与科研机构积极与企业对接，并提供专项资金与优惠政策，以激发企业在研发与成果转化中的主体活力。从实践层面来看，高校与企业开始联合共建研究中心、实验室和技术孵化器，通过共同攻克关键核心技术项目，持续输出面向市场和产业前沿的专利与成果。例如，在生物医药、人工智能、新材料等高科技领域，我国许多高校与企业合作构建的创新共同体优化了研究路径，显著缩短了技术从研究到应用的周期。一些区域性或行业性的产学研联盟也在近几年不断涌现，通过集聚高校科研资源、企业资本与市场渠道，进一步加快了技术成果的转化速度，推动地方经济结构不断优化。得益于这些协同创新实践，我国许多新兴产业领域的国际竞争力获得了显著提升。随着国内外形势的不断变化和科技革命的深入发展，深化产学研合作不仅是应对外部竞争的现实选择，还是推动我国经济高质量发展的必然趋势。通过持续完善合作机制、拓宽项目对接渠道以及优化知识产权管理，我国产学研合作在未来将释放更大的创新动能，为推动科技进步奠定坚实的人才基础与体制基础。

（二）产学研合作理论的作用

产学研合作创新了我国应用型人才的培养机制，为我国应用型人才的培养探索出了新的路径。

从个人发展的角度来看，产学研合作能够将理论知识学习与实践技能训练充分结合，使人才更好地将所学知识运用于实践之中，并通过实践深化人才对知识的理解，从而更加平稳地实现从校园到企业的过渡，在完善人才知识与技能体系的同时，提升就业率。

从行业和企业发展的角度来看，产学研合作能为企业源源不断地提供人才和技术支持，为企业提供高素质应用型人才，提升企业的市场竞争力，帮助企业获取更多的经济效益。企业要想在激烈的市场竞争中站稳脚跟，就必须不断地升级自己的服务与技术。

产学研合作对于科研机构同样具有良好的促进作用，科研机构具有强大的科研能力，但是缺乏实践支撑，其实践案例大多借鉴的也是其他企业发展的间接经验。经典案例的间接经验当然具有参考价值，但是还有一部分间接经验存在一定的时效性，特别是在跨境电子商务领域，行业风云变幻，新的经营理念、新的经营模式以及新的业态不断涌现，许多相对陈旧的案例与实践经验不足以支持当前的科研活动，运用这些案例开展科研，难以得到理想的研究成果。企业有充足的经营经验，可以为科研机构提供大量的研究样本和实践案例，也可以为科研机构提供实验场所，产学研充分合作可以帮助科研机构获取大量当前行业的直接经验，确保科研成果能够对行业当前的发展具有较强的指导意义。另外，高校也能够为科研机构提供强有力的智力支持，为科研机构源源不断地输送人才，确保科研活动高质量开展。

产学研的充分结合能够实现学校、企业、科研机构与个人的多方共赢，可谓一举多得。

三、协同理论

（一）协同理论概述

协同理论是系统科学的重要分支理论，德国物理学家赫尔曼·哈肯（Herman Haken）于1971年提出了"协同"的概念，并于1976年对协同理论进行了系统阐述。

协同理论通过建立完整的数学模型和处理方案，在微观到宏观的过渡上，对各种系统和现象中从无序到有序转变的共同规律进行了描述。协同理论着重探讨各种系统从无序变为有序时的相似性。哈肯曾说，他之所以把这个学科称为"协同学",一方面是由于我们所研究的对象是许多子系统的联合作用,以产生宏观尺度上结构和功能;另一方面,它又是由许多不同的学科进行合作,来发现自组织系统的一般原理。

(二)协同理论的作用

作为协同理论研究对象的系统是一个相对抽象的概念,在许多学科中都有体现,因此,协同理论具有广泛的适用性。协同理论在跨境电子商务人才培养中的应用主要体现在校企合作育人系统中。

在跨境电子商务人才培养中,校企合作是重要的人才培养方式。校企合作指的不仅仅是学校与企业之间在个别领域的简单合作,还是双方建立一种相对稳定的合作关系,学校与企业共同为学生创造良好的实践技能学习与训练环境,通过校企合作办学、构建校企共同体、建设校企人才教育培训基地等方式,提升校企合作育人的水平,为学生创造充足的实践机会,帮助学生将理论应用于实践,再通过实践深化学生对于理论的认识。

在跨境电子商务人才培养中,校企合作需要学校与企业之间深度融合,且这种合作贯穿人才培养的整个过程。可以说,在校企合作中,学校与企业间构成了一个相对完整的人才培养系统,在这个系统中,学校与企业充分发挥自身的资源优势,以保证学生能够在系统学习跨境电子商务理论知识的同时,获得足够的实践训练机会。校企合作育人系统的合理运作需要以协同理论为指导。协同理论对校企合作育人的指导作用主要体现在以下几点。

1.利益协同

利益协同是校企合作系统中各主体需要首先处理的问题。学校与企业之间的利益有所不同,企业以追逐经济效益为价值取向,这是由其本质决定的,因此,企业在现实发展中更加强调经济利益与现实价值。学校则更加看重长远利益和社会利益,因为学校承担着为国家培养人才的重任,经济利益并不是其主要追逐目标,所以在管理过程中,学校会舍弃一部分经济利益,以换取更大的社会利益和综合效益。

因此,若想实现学校与企业之间在人才培养实践中的充分融合,就必须寻找双方的利益契合点，实现利益协同。只有以共同的利益为基础，才能使校企双方深入开展合作。

2. 战略协同

协同理论对于校企合作育人系统发展战略的制定具有重要的指导作用，战略代表着系统中各个子系统的发展方向，只有各个子系统的发展方向相对统一时，系统才能不断获得发展。在跨境电子商务人才培养中，战略协同程度的高低与政府、学校、企业之间的利益取舍有着很大的关系。比如，政府考虑的主要是促进社会整体发展，学校考虑的主要是人才培养与办学能力的提升，企业主要追求的是提升经济效益与市场竞争力。不同的利益出发点影响着各主体发展战略的制定，因此校企合作强调利益协同的重要性。

利益协同是校企合作的基础，而校企合作的全面展开则需要政府、学校和企业之间充分协调，共同制定校企合作育人系统的总体发展战略。各主体的具体发展战略需要以总体发展战略为出发点，不能背离总体发展战略的基本路线。

3. 资源协同

资源协同就是将系统中各个子系统的资源进行整合并加以充分利用的过程，这是系统发挥协同效应的关键。

在校企协同育人中，资源协同指的是学校与企业充分发挥自身的教育资源优势，为学生提供良好的理论学习和实践训练环境，深入推进产教融合，帮助学生更好地进行工学结合，提升综合素质。

学校的资源主要包括教学资料、教师资源、教育管理资源、教育信息资源以及各种教育基础设施资源等。这些教育资源是学生进行系统的专业知识学习所必需的资源，可以帮助学生夯实专业基础。企业的资源主要包括资深从业人员、实习场所、资金等。学校与企业之间的资源具有很强的互补性。跨境电子商务是一门崭新的且具有较强实践性的专业，其人才培养既需要保证学生具备扎实的专业理论知识基础，还需要学生具备较强的实践能力，这就需要学校与企业发挥自身的资源优势，联合进行人才培养。

4. 文化协同

在校企合作育人系统中，不同主体之间的文化存在一定的差异，这就要求各主体之间通过互动、对接、协调、整合后形成一种和谐文化体系，文化的和谐是系统持续发展的重要保障。

企业文化指的是企业在长期的生产经营活动中形成的、受到企业成员普遍认可的价值观念、思维模式和行为规范。校园文化是在长期的教学实践中形成的，受到学校师生普遍认可的价值观念、思想意识、教学理念以及校风学风等文化因素。校企文化协同需要学校与企业以育人为核心，充分汲取对方文化中的有利因素，整合形成科学、合理的校企合作育人文化。

第二节　高校跨境电子商务人才培养的目标

一、跨境电子商务对人才的需求

跨境电子商务产业若想实现长足的发展，就必须有高素质、专业化的从业人员队伍。换言之，跨境电子商务产业应将人力资本作为行业发展的基础，将跨境电子商务人才培养作为促进产业发展的战略任务。

（一）跨境电子商务离不开人才的培养

近年来，我国跨境电子商务的发展十分迅速，且发展势头良好，跨境电子商务作为新兴产业为社会经济的进一步发展提供了强大的助力。许多传统企业也开始通过跨境电子商务开拓市场，在世界范围内展示和销售产品，将业务拓展到世界各地。我国非常重视跨境电子商务产业的发展，给予相应的政策扶持，为跨境电子商务营造良好的政策环境。同时，国家也十分重视对跨境电子商务人才的培养，并设置了独立的专业，以培养专业性更强、素质更全面、符合时代发展需求的人才，为跨境电子商务产业的发展源源不断地输送人才。

跨境电子商务作为一个新兴行业，其发展存在许多可提升的空间。其中，人才缺口越来越成为制约跨境电子商务持续发展的重要因素。人才是产业发展的根基，离开了专业型人才，跨境电子商务产业的发展就像无源之水、无根之木，难以实现可持续发展。

人才的培养需要一定的周期，特别是与新兴产业密切相关的人才培养体系更是需要从头开始探索，包括开设专业、招收学生、规划课程、确定教学模式、制定评价体系、落实实践训练等。当人才培养的速度难以满足市场对人才的需求时，自然会导致人才缺口的出现。

伴随着国家对于跨境电子商务重视程度的提高，许多传统企业也开始借助互联网开展跨境业务、拓展海外市场，跨境电子商务业务的增加对于从业人员的需求也逐年增加。未来，市场对于跨境电子商务人才的需求会更加旺盛，这就要求学校与社会继续加强合作，深化产教融合，提升跨境电子商务人才的培养效率，填补跨境电子商务的人才缺口。

（二）跨境电子商务人才需要具备较高的综合素养

跨境电子商务不仅对于人才的需求量大，对于人才的专业素质也提出了新的要求。当前我国跨境电子商务行业最为缺乏的既不是高级管理人员，也不是一线操作人员，而是具备较强综合素质与专业能力的人才。

跨境电子商务与普通电子商务最明显的区别之一就是，其贸易活动的参与主体涉及不同的国家和地区，涉及不同国家和地区之间在经济、文化、政策、法律等领域的交流。因此，跨境电子商务要求人才构建相对广泛的知识体系，不仅要具备传统电子商务的基本知识与能力，还应该具备国际贸易、跨境营销、国际物流管理、信息搜集与分析以及外语等领域的综合知识与文化素养。

另外，跨境电子商务还需要高素质专业人才具备较强的实践操作能力，这是由跨境电子商务专业的实践性所决定的，而提升人才实践能力的重要方式之一，就是在人才培养阶段，深化产教融合，学校与企业进行充分合作，培养和训练学生的实操技能，帮助学生成为具备综合素质的业务能手。

（三）跨境电子商务人才的能力构成

高素质跨境电子商务专业人才需要具备相对全面的知识体系与较强的实践能力，内容涉及商业、贸易、网络与法律等多个领域的专业知识，具体内容如图 3-2 所示。

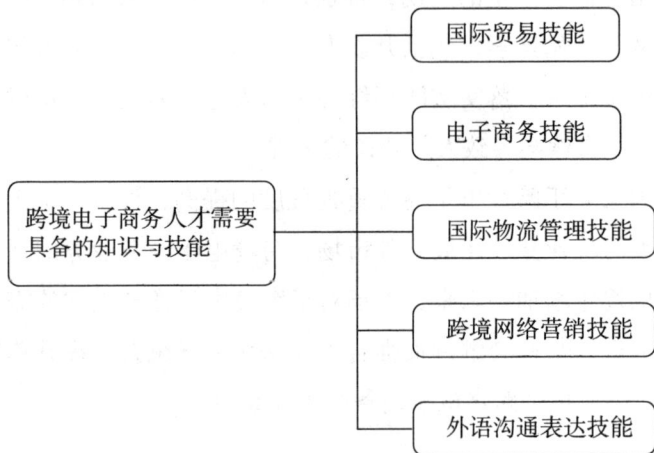

图 3-2 跨境电子商务人才的能力构成

1. 国际贸易技能

跨境电子商务属于国际贸易的范畴，因此，跨境电子商务人才首先需要具备的就是国际贸易领域的相关技能。

首先，国际贸易需要从业人员熟悉外贸业务的具体内容与一系列操作流程，这同样也是高素质跨境电子商务人才需要具备的基本能力。如前所述，在我国当前的跨境电子商务行业中，许多涉及跨境电子商务的公司缺少的并不是专业技术人员与高级管理人员，而是专业性强、能力全面的高素质跨境电子商务业务人员，因为跨境电子商务行业的各个具体的技术岗位与管理岗位的人才可以从相关行业（电子商务、国际贸易）中得到较好的补充，但是跨境电子商务较短的发展历程导致了其需要符合行业要求的高素质业务人员，因此，需要培养具备较强的专业素质与业务能力，熟练掌握国际贸易的相关专业技能，熟悉进出口与外贸业务的操作流程的人才，为跨境电子商务的发展提供人才保障。

其次，跨境电子商务的从业人员还需要了解国际贸易的相关法律法规。没有规矩不成方圆，一切商业贸易活动都是在法律法规的约束下进行的，跨境电子商务涉及国际贸易，受相关国际贸易法与不同国家、地区法律的约束，不熟悉相关法律法规，就会存在违规违法与财产损失的风险。

2. 电子商务技能

电子商务技能可以说是跨境电子商务人才所必备的技能，是跨境电子商务人才知识与能力体系的核心组成部分。

跨境电子商务从本质上来说仍然属于电子商务，只是将贸易范围拓展到了海外市场，通过跨境电子商务平台将不同国家和地区的市场连接起来。以互联网为基础的电子商务平台是跨境电子商务的贸易媒介，这就要求其从业人员必须具备电子商务相关技能，如具有较强的信息检索与搜集能力、良好的网络营销与宣传能力、优秀的沟通与交流能力，商务管理能力以及电子商务系统的运行与维护能力。

3. 国际物流管理技能

商贸与物流密不可分，没有良好的物流体系作支撑，将严重阻碍商贸活动的开展，特别是对于国际贸易来说，物流活动需要跨境展开，其复杂性与重要性更是不言而喻。国际物流是跨境电子商务的重要组成部分，国际物流管理不是简单地管理运输货物，还包括这一过程中涉及的各个领域的操作性或知识性技能。

跨境电子商务人才需要熟练掌握国际物流的相关知识，包括商品的采购与管理、供应链系统的管理、货物运输方式的选择、物流风险的管控、不同国家的海关通关规则以及保险相关知识等。

4. 跨境网络营销技能

网络营销能力是电子商务行业专业人才重要的能力素质之一，在跨境电子商务领域，营销活动不仅需要通过网络进行，还需要跨境开展，这就要求从业人员具备良好的跨境网络营销能力，跨境网络营销涉及跨境交流，因此与传统的营销之间存在较大区别，二者的差别不仅体现在营销手段与营销平台上，还体现在许多具体的分析方法与操作流程方面。

跨境电子商务领域的网络营销需要以科学、准确的市场分析为前提，由于跨境电子商务是在全球范围内开展业务，面对的是世界市场，因此，市场调研与市场分析就成了跨境电子商务的难点与重点，第一时间掌握市场行情的变动以及正确预判市场的发展方向，对于跨境电子商务行业的发展来说至关重要，跨境电子商务市场分析主要依据业务开展地区的相关贸易数据，这就需要从业人员具备大数据整合与分析能力，能够对相关产品在海内外市场的交易数据进行深入研究与分析，并最终形成结论性成果，为跨境电子商务提供数据分析支持，同时为跨境电子商务的进一步发展指明方向。

跨境网络营销还要求从业人员具备网络宣传与网络策划的能力，能够帮助企业在网络平台上开拓海外市场。此外，跨境网络营销还需要从业人员具有国际市场预测的能力，能够通过市场调研与数据分析，了解国内外相关领域的商贸发展形势，预测国际市场的发展趋势，这样才能保证商务活动的与时俱进。

5. 外语沟通表达技能

由于跨境电子商务在世界范围展开，面对的是国际市场，因此，外语能力对于跨境电子商务的重要性不言而喻，语言是交流与沟通的重要载体，跨境电子商务蓬勃的发展现状与良好的发展势头决定了行业需要大量的外语人才。

跨境电子商务人才首先需要具备扎实的外语知识，能够看懂产品、信息、单据上的外文信息。其次，跨境电子商务人才还需要具备良好的外语沟通与表达能力，因为客户来自不同的国家，得体、准确的交流与服务对于电子商务来说十分重要。最后，跨境电子商务会涉及大量的外文资料，需要对其进行高效、准确的识别与解读，并根据不同国家的交流习惯与交流礼仪来处理往来函电。

跨境电子商务人才在具备良好的外语综合素质的同时，还需要特别重视对于具体商贸领域相关的专业外语的熟练掌握，从而在商贸活动运行过程中，能够快速、准确地对信息进行识别与表达。

二、高校跨境电子商务人才培养目标的确立

（一）高校人才培养目标的确立

对于高校教学来说，人才培养目标的确立是重中之重，因为它关乎学校教学活动与管理活动的计划与安排，如教学设计、课程安排、考核评价、生活管理、实践活动、实习安排等，这些教学与管理的具体环节是在人才培养目标的指引下制定的。针对不同的人才培养目标，教学与管理活动的安排也有很大的差异。

1. 高校人才培养目标的纵向延伸

高校人才培养目标是经过科学研判与充分探讨的，从纵向延伸的层次体系来看，其主要参考三个方面：一是国家教育教学的发展目标；二是社会相关行业发展对于人才的需求；三是学校的人才定位。

从国家层面来看，需要努力推进新时代人才培养工作。高校作为人才培养的重要途径，需要培养出符合习近平新时代中国特色社会主义建设所需要的人才，需要培养出有理想、有本领、有担当的时代青年。人才是强国之本，无论是科技创新，还是文化创造，都需要靠专业的人才来实现。因此，高校制定的人才培养目标应该符合国家整体的发展战略，符合习近平新时代中国特色社会主义建设对于人才的需求，符合国家教育发展的大政方针。

从社会层面审视高校人才培养目标的确立，从长期来看，高校育人的总体目标是促进学生的全面发展，为国家发展提供高素质人才；从短期来看，高校育人的目标是促进学生就业，为地区经济发展提供人才支持。无论是地区经济的发展，还是行业的发展都需要大量高素质人才，因此，高校人才培养应该关注区域经济和行业发展的需要，不仅要使学生能够学以致用，还要使学生学有所用。

从学校层面来看，人才培养目标的制定首先需要符合学生就业的需求，

保证学生能够通过掌握的知识与能力找到适合自身的工作。其次，学校人才培养目标还要符合学校的实践教学能力，既不能好高骛远，也不能目光短浅。最后，学校人才培养目标的制定还应该在一定程度上体现学校的办学特色，形成自身独特的优势。

2.高校人才培养目标的横向内容

从横向的人才培养内容来看，学校人才培养目标需要加强对于学生知识、能力和素质结构的培养。知识结构是对客观规律与客观事物的认识与积累，是一种高层次系统化的信息，包括各种科学文化知识与工具知识。能力结构则是运用所掌握的知识处理问题的才能，需要通过课程教学与实践训练来培养。学生需要具备的能力结构包括学习能力、实践能力、沟通能力、创新能力等。素质结构则是学生品质与素养的体现，是知识与技能的内化，包括心理素质、身体素质、思想品德素质、专业素质等。

前文对于跨境电子商务人才所应具备的能力进行了详细的阐述，这些就是跨境电子商务人才培养目标制定的重要考量，也反映了跨境电子商务发展的趋势以及人才需求的内容。当然，跨境电子商务人才培养目标的构建还需要综合考虑其他因素，从纵向延伸看包括国家政策、社会环境、区域经济发展状况、电子商务就业情况等，从横向内容看包括学生知识、技能和素质培养的要求等。

（二）高校跨境电子商务人才培养的一般目标

综合跨境电子商务的特点以及以上提到的人才培养目标构建的原则，可以总结出高校跨境电子商务人才培养的一般目标，即具有普遍适用性的目标。

1.培养多学科背景的复合型人才

知识的综合性与学科的交叉性是跨境电子商务专业的鲜明特点，目前跨境电子商务行业最为缺乏的也是具有较强综合素质的专业型人才。跨境电子商务涉及多门学科的知识与能力，其知识培养体系包括电子商务知识、外贸知识、外语知识、物流知识、法律知识等；其能力培养体系包括跨境营销能力、计算机能力、数据分析能力、设计策划能力等一系列跨境贸易的实操技能。

国家之所以将跨境电子商务设立成一门独立的学科，不仅仅是由于跨境电子商务对于国家经济发展的促进作用逐渐增强，发展势头良好，更是因为跨境电子商务的人才培养体系与传统的电子商务具有很大的不同，两者对于人才理论知识与实践能力的要求存在较大差异，人才培养的具体路径也有所不同，因此，学校不能将跨境电子商务作为电子商务专业之下的一门课程开展教学。

跨境电子商务专业与电子商务专业在人才培养上最为显著的不同点就是对多学科背景的复合型人才培养的重视。跨境电子商务包含多学科的知识，不仅需要学生掌握电子商务相关的理论知识，还需要学生具备跨文化交流能力与电子商务实操能力，这决定了跨境电子商务人才培养的重要目标之一就是培养具有多学科背景的复合型人才。

2. 培养综合素质过硬的潜能型人才

当前，跨境电子商务发展迅猛，对于人才的需求量大，但人力资本的质量重于人力资本的数量，因此，跨境电子商务巨大的人才缺口并不意味着市场和企业对于人才素质要求的标准降低，相反，由于跨境电子商务是一个极具发展潜力的领域，我国的跨境电子商务目前尚处在成长期，更需要为行业未来的发展打下良好的基础，因此也更需要具备较强综合素质和发展潜能的专业型人才。

企业若想在激烈的市场竞争中站稳脚跟，赢得先机，就必须重视人才的选拔与培养，不能仅仅关注人才的理论素养，还要重视人才的综合素质与实践能力。扎实的理论知识固然是专业人才所需要具备的基本素质，但这仅仅是选拔和培养人才的标准之一，企业还需要通过各种方式考查和培养人才的综合素质，包括管理能力、沟通交流能力、工作主动性与积极性、团队协调能力等。

因此，高校应将提升人才的综合素质作为人才培养的重要目标，使培养出的人才不仅具备丰富且扎实的理论知识，还具备过硬的实践能力。同时，学校还应重视对于学生自主学习能力的培养，离开学校以后，学生就脱离了系统的培养机制，但学无止境，特别是对于跨境电子商务行业来说更是如此。作为时代的产物，跨境电子商务的相关知识与技能随着实践的发展不断更新，需要学生在工作中不断学习，丰富自己的知识，开阔自己的视野，提升自己的能力，而这一过程的实现就需要依赖较强的自主学习能力。

3. 培养超行业前沿的创新型人才

创新是新时代社会主义市场经济发展的第一驱动力，培养学生的创新素质、提升学生的创新能力也是新时代高校人才培养的重要目标。跨境电子商务作为一门崭新的学科，其在人才培养方面更是如此。企业如想在激烈的市场竞争中抢占先机，获得优势，就需要具有一定的前瞻性，能够洞悉未来行业发展的趋势，并进一步配合市场采取措施，以取得先发优势。

跨境电子商务具有鲜明的时代性，因此，其内容更新速度非常之快，对于行业从业人员也提出更多的要求，跨境电子商务人才必须具有较强的学习能力、新知识和新理念的接受能力以及对于发展变化的适应能力，只有这样，才能在日新月异的跨境电子商务行业中实现更多的自我价值。除了知识与技能体系需要不断更新以外，跨境电子商务人才必须具备与时俱进的发展理念和终身学习的价值观念，才能始终站在时代的前沿，把握时代发展的规律，不落后于时代。另外，还要具备一定的创新意识与创新能力，善于发现和把握行业发展中的机遇，创新发展模式，革新管理方式，开拓新的市场。

综上所述，与时俱进的综合素养以及创新能力是新时代跨境电子商务人才所需要具备的素质，高校教育作为跨境电子商务人才培养的重要途径，需要重视创新型人才的培养。

第三节 高校跨境电子商务人才培养的意义

跨境电子商务人才培养无论是对于社会和行业的发展，还是对于学校与个人的提升都具有重要的意义，具体内容如图 3-3 所示。

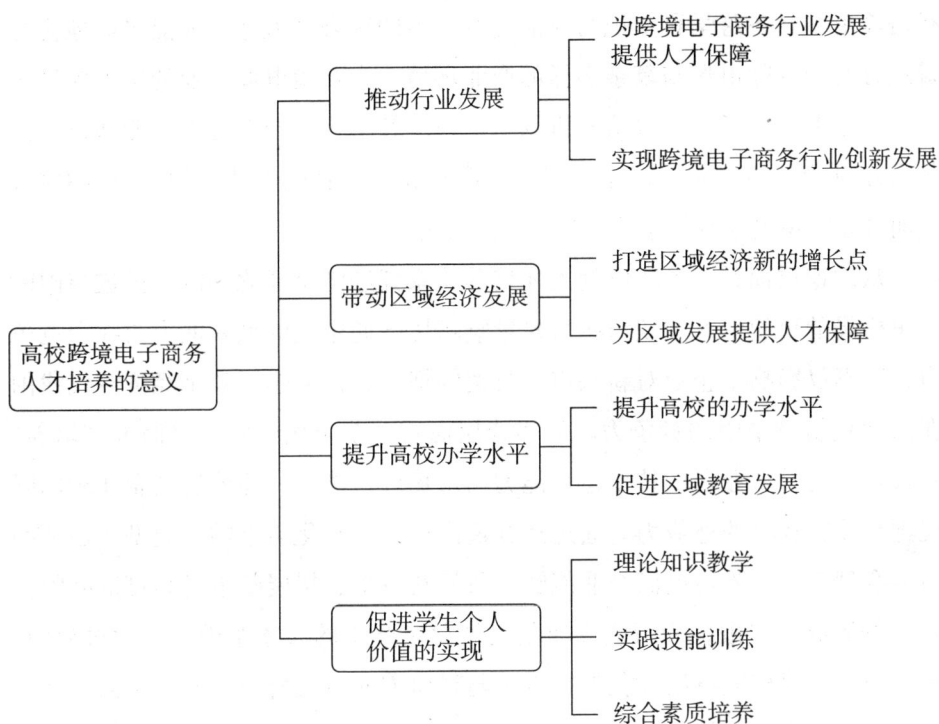

图 3-3　高校跨境电子商务人才培养的意义

一、推动跨境电子商务行业发展

（一）为跨境电子商务行业的发展提供人才保障

高校跨境电子商务人才培养对于跨境电子商务行业的发展具有重要的推动作用。行业的发展离不开专业的人才，特别是对于跨境电子商务行业来说更是如此，跨境电子商务行业作为新兴产业，需要大量具备较强专业素质的人才来保障行业的健康发展。

相较于传统外贸产业，跨境电商行业不仅需要从业者掌握通用的国际贸易规则和外语技能，还要求从业者熟悉全球不同电商平台的运营策略、国际物流与供应链管理方式，并具备跨文化沟通技巧等复合能力。因此，跨境电商人才培养对从业者的知识与技能结构以及实践经验提出了更高的要求。只有培养更多具备跨学科知识与灵活应变能力的综合型人才，才能更好地应对瞬息万变的国际市场与复杂多样的商业环境，为跨境电商行业的发展提供坚实的人才保障。通过完善培养机制、加强产教融合与校企合作，能够持续优化人才供给结构，实现行业所需的岗位与高校培养的人才之间的有效对接，进而推动跨境电商领域整体水平的不断提升。

从理论层面看，跨境电商人才培养关系到经济全球化的深入推进与国际竞争格局的重塑，人才缺口将直接影响跨境电商企业的创新能力与综合竞争力，这不仅影响了企业对新兴市场机遇的把握，也影响了数字经济时代我国在国际贸易体系中的竞争力。从实践层面看，系统化的跨境电商人才培养，不仅可以提升从业者的技术运用能力与市场分析能力，还能提高企业对国际规则与监管环境的适应力。通过持续输出适应全球化需求的专业型、创新型与复合型人才，跨境电商企业能够在研发新技术、拓展新市场和打造品牌价值等方面取得突破，为行业高质量发展奠定坚实的人才基础。在此过程中，高校与科研机构应持续优化课程设置与科研方向，政府与行业协会需积极给予人才培养主体政策与资源支持，通过协同创新的方式形成全方位、立体化的人才培养体系，为跨境电子商务行业的长期可持续发展提供强大的智力支撑与动力源泉。

（二）实现跨境电子商务行业创新发展

任何行业都需要不断注入符合时代特征的元素，否则将会停滞不前，甚至逐渐衰落。跨境电子商务作为新兴行业也需要不断创新，这样才能实现进一步的发展。这就需要不断引入高素质的专业人才。

在数字经济快速崛起与国际贸易格局不断演变的双重驱动下，跨境电子商务作为新兴贸易形态，正展现出前所未有的创新潜能。要使这种潜能得到持续发挥，则迫切需要一支具备复合能力的人才队伍。跨境电商的创新离不开对新技术和新模式的积极探索，如运用大数据分析消费者行为、引入区块链提升供应链透明度、运用人工智能优化客服与物流流程等。这些技术的落地与迭代，需要一批熟悉跨境政策法规、善于跨文化沟通且具备数字化思维的从业人员来推动。人才培养对跨境电商创新发展的推动作用不仅体现在满足行业对从业者技术技能的需求上，更体现在从业者对商业模式与管理创新的驱动作用上。跨境电商的竞争已不再局限于商品的种类、价格或规模，更多地体现在综合服务质量、品牌价值和文化创意等方面。因此，跨境电商的发展对从业者的专业背景与跨领域协同能力提出了更高的要求。只有通过系统化、专业化的人才培养，跨境电商才能在快速迭代的国际市场中不断孵化新业态，形成可持续竞争优势。

跨境电商行业在与不同区域文化、消费习惯与监管环境互动的过程中，势必会面临复杂而动态的创新挑战。新时代的跨境电商人才培养既需要完善相关院校的跨学科课程设置，也需要政府、行业和企业的多方协同支持，这样才能形成产、学、研一体化的创新生态体系。建立更灵活的实习机制与项目研究合作模式，能够使学生和在职人员同时提升自身的理论深度与实践广度，促进发展创意与技术成果在多元场景下的转化。随着新零售、全渠道营销以及定制化服务等概念在跨境电商领域的崛起，高水平人才培养将进一步激发行业内在的研发动力，加快对新兴市场的拓展与产品服务升级，最终推动跨境电子商务行业向高质量与多样化方向稳步迈进。在此背景下，跨境电商人才培养不仅关乎短期的人力资源储备，还关系到企业乃至国家在国际竞争中持续保持创新活力与领先地位。

二、带动区域经济发展

（一）打造区域经济新的增长点

跨境电子商务作为新兴产业，具有较大的发展潜力，是促进区域经济增长的新进路。结合区域实际发展跨境电子商务产业，不仅能实现电子商务产业的发展，还可以带动区域服务业、制造业、物流业等产业的发展，为区域经济发展提供新的驱动力，使跨境电子商务逐渐成为带动区域发展的新的经济增长点。

跨境电子商务在当今国际贸易结构调整与国内经济转型升级的趋势下，

正逐渐成为带动区域经济发展的重要力量。要想让这一力量真正转化为新的增长点，就必须通过系统化、前瞻性的人才培养来夯实发展根基。跨境电商的运作模式与传统外贸或本土电商存在显著差异，具体表现为对国际市场需求的敏锐捕捉、对多国法律法规及通关制度的精准把握，以及对数字化营销和运营工具的熟练应用。这不仅要求从业者具备外语能力和跨文化沟通技巧，还要求从业者对目标市场消费者行为有深入的理解与敏锐的洞察。如果区域内能培养并储备这一类符合跨境电商发展需求的专业人才，将有效减少企业在跨境运营初期所面临的信息不对称和管理不完善等风险，帮助企业更快适应全球竞争环境。同时，这些人才也能够推动地区内传统产业优化升级，从而为区域经济带来全新的收益增长点和产业结构优化空间。

跨境电商人才培养的系统构建，还能够为区域经济带来"人才集聚—产业升级—创新带动"的良性循环。一方面，具备全球意识与专业技能的本土人才，将在政策、金融、物流等配套条件的支持下帮助区域打造跨境电商集散中心，形成"聚合效应"。人才的集聚使上下游产业链更加完善，促进仓储、支付、客服等相关服务的专业化发展，从而不断提升当地跨境贸易运营的效率和竞争力。另一方面，高素质的跨境电商人才能推动当地企业进行商业模式创新与营销策略调整，使跨境电商在面向国际市场时能够开展差异化定制和个性化推广，打造区域品牌的独特价值。长远来看，这种人才驱动的区域经济增长不仅能在全球市场打造更加鲜明的区域名片，而且能增强发展的内驱力，为未来的科技创新和产业多元化发展打下基础。通过不断深化和完善跨境电商人才培养体系，各地区既能摆脱对传统经济要素的过度依赖，又能以数字化与国际化为纽带，打造区域经济新的增长点，为区域经济的持续繁荣注入强劲动力。

（二）为区域发展提供人才支撑

高校，特别是区域型高校，具有鲜明的办学特色，体现所在区域的社会、经济、文化发展特点，并以促进区域经济、社会的全面发展为人才培养的目标。许多高校的专业和课程设计和人才培养模式是建立在区域发展实践基础上的，是符合区域发展需求的。

高素质人才能够创造相对较多的社会价值，其掌握的知识与技能能够为行业的发展提供强有力的支撑，其创新意识与创新能力还能帮助区域实现产业的转型和优化升级，提升经济发展的质量。

三、提升高校办学水平

（一）提升高校的办学水平

高校跨境电子商务人才培养，从培养内容上来看，包括以跨境电子商务为核心的多门专业课程，重视完善学生的知识结构。从培养方式上来看，高校在人才培养过程中不断强化产教融合，深入推进校企合作，重视对于学生实践能力和综合素质的提升。

跨境电子商务作为一门崭新的学科，其教育理念与人才培养方式充分体现了时代发展的特色，学校结合自身的教学实践情况，根据市场需求和学生发展的需要，调整人才培养方案，完善课程体系，优化教学模式，使人才培养具有更强的岗位针对性，促进学生就业。

在跨境电子商务人才培养的过程中，高校自身也获得了巨大的提升，通过与企业的充分合作，不断深化产教融合；通过跨境电子商务人才培养的实践，实现职业教育理念与模式的突破；通过与企业联合进行教师培训，壮大了师资队伍，提高了师资的水平。产教融合的参与主体还包括政府，高校在产教融合人才培养的过程中与政府展开良性互动与合作，政府的政策支持和制度保障为高校办学能力的进一步提升创造了良好的环境。

在跨境电子商务人才培养中，高校既是人才的培养者，是高素质人力资源的提供者，也是这一过程的受益者，在这一过程中丰富了教学经验，提升了教学水平，提升了办学能力。

（二）促进区域教育发展

高校跨境电子商务专业建设与探索不但能提升自身的办学水平，而且对于区域内其他高校具有较强的示范作用，可以带动区域整体教育水平的提升。同时，跨境电子商务作为一门崭新的专业，其人才培养模式与传统的人才培养模式之间存在很大的不同，跨境电子商务人才培养模式的探索有助于拓展高校人才培养的思路，助力高校教育的改革，进而对于区域教育的改革也具有一定的参考作用。

首先，高校教育作为区域教育的重要组成部分，其办学能力和教学水平的提升本身就是区域教育水平提升的组成部分。跨境电子商务人才培养是一个由多主体共同参与的人才培养系统，不是靠高校凭借一己之力来实现的，需要地方政府、高校和企业整合教育资源，统筹人才培养能力，共享教育信息，共同推进跨境电子商务人才的培养，需要政府、高校和企业同心协力，构建产学研三位一体的人才培养模式，在提升人才培养效果的同时，促进区域经济发展和产业升级。这种以政府为引导，以企业为主体、以高校为主导的人才培养模式，本身就是区域教育能力的体现。因此，跨境电子商务人才培养是一个推动区域教育水平提升的契机，利用这个契机，政府、学校和企业三者可以共同探索出更加符合新时代教育发展方向的人才培养模式。

其次，成功的校企合作与产教融合实践，能够为区域人才培养的发展树立典型。政府充分发挥自身统筹规划与教育宣传的职能，将成功的跨境电子商务人才培养方案在区域内广泛推广，作为一种新型人才培养模式，不仅对于跨境电子商务专业人才培养有促进作用，对于高校其他专业的人才培养也具有重要的借鉴和参考价值，使更多的高校与企业参与到人才培养的过程中来，增强育人能力，促进区域整体教育水平的提升。

四、促进学生个人价值的实现

高校对于跨境电子商务人才的培养主要从三个方面展开，分别是理论知识教学、实践技能训练以及综合素养培养，"三位一体"开展教学活动，目的就是培养跨境电子商务领域的高素质专业型人才。

（一）理论知识教学

高校跨境电子商务理论知识的教学包括跨境电子商务涉及的各学科的理论知识，包括跨境电子商务实务、国际贸易理论与实务、跨境电商英语、跨境电商营销推广、国际市场营销、新媒体营销、视觉营销、跨境电商进出口、商务数据分析、跨境电商客户服务、跨境电商物流管理等。基础理论教学是跨境电子商务人才培养的基础，因为跨境电子商务作为新兴产业，从业人员必须具备扎实的专业理论知识，否则跨境电子商务行业将很难实现健康、持久的发展。

（二）实践技能训练

高校跨境电子商务实践技能训练主要通过校企合作的形式来实现。高校对电子商务产教融合人才培养模式的探索与优化越来越重视，而产教融合理念在高校跨境电子商务人才培养中最为广泛的落实方式就是校企合作。校企合作指的是学校与企业共同开展人才培养活动，学校与企业充分发挥各自的教育资源优势，提升人才培养的质量与效率。

校企合作的突出优点就是能够给予学生充足的实践训练机会，企业为学生提供实践训练场所与实习机会，使学生能够将在课堂上所学的理论充分运用到实践之中，并通过实践深化学生对于理论知识的理解。

（三）综合素质培养

高校的人才培养目标是促进学生的全面发展，不仅包括理论知识、实践能力的培养，还要重视学生综合素质的提升。高校跨境电子商务的综合素质培养的主要内容包括学生的自主学习能力、创新创业能力、沟通交流能力、团队协作能力等。

1. 自主学习能力

自主学习能力主要包括两个方面：其一是自主学习的态度，其二是自主学习的技巧与方法。自主学习态度的培养需要教师在日常的教学活动中注重教学方法的运用，提升学生的学习兴趣，使学生乐于学习与探索。自主学习技巧的提升需要教师在教学过程中注重以学生为主体，在进行理论知识的教学的过程中，注重启发学生的思维。

自主学习能力是学生需要具备的重要能力，当今时代，知识与信息更新的速度快，人们需要树立终身学习理念，以确保自身能够适应时代的发展。终身学习理念的践行就需要靠人们提升自主学习能力，学生在走出学校大门、迈入工作岗位后，仍然有许多东西需要学习，在缺少了学校提供的系统教育的情况下，学生实现自我提升的重要途径就是通过自主学习不断完善自身的知识体系，提升自己的实践能力。

2. 创新创业能力

创新创业能力对于学生来说同样十分重要，创新是经济发展的重要驱动力，也是新时代高素质人才所必备的能力，创新意识与创新能力的培养不仅有利于学生个人的发展，也能为国家经济转型与产业升级打下良好的基础。具备较强创新创业素质的人才能够更加适应时代的发展。

3. 沟通交流能力与团队协作能力

沟通交流能力与团队协作能力都是学生迈入工作岗位后所必备的能力，在工作中，部门之间、同事之间都需要密切交流与配合，只有这样，才能推动企业整体向前发展。沟通每时每刻都在影响着企业的发展，在企业运行过程中，许多问题的产生都是由于沟通不力造成的，培养和提升学生的沟通能力，需要注重学生注重语言和非语言交流能力的训练，并通过一系列教学活动训练学生的交流能力。团队协作能力指的是建立在团队的基础之上，发挥团队精神、互帮互助以达到团队最大工作效率的能力。团队协作能力不仅要求各团队成员具有较强的个人能力，还需要其在各自的岗位发挥作用，与其他成员协调配合，实现团队效益的最大化。

第四章　我国高校跨境电子商务人才培养的发展成果与可提升空间

第一节　我国高校跨境电子商务人才培养的发展成果

一、培养体系日渐成熟

跨境电子商务人才培养的主要途径有两个，分别是高校教育与社会培训，其中，高校教育是跨境电子商务人才培养的主要途径。许多高校陆续开设了跨境电子商务专业，部分高校虽然没有成立跨境电子商务专业，但也开设了相关课程。

跨境电子商务专业的设立，标志着高校跨境电子商务人才培养体系逐渐从稚嫩走向成熟。因为在跨境电子商务成为独立专业之前，其通常仅仅作为一门课程存在于电子商务或对外贸易等学科之中。一门专业课程的课时与内容都十分有限，只能让学生对跨境电子商务相关知识有所了解，几乎不可能培养出专门的跨境电子商务人才。

在跨境电子商务成为一门独立的专业之后，由于课时的增多，课程内容更加丰富，学生能够系统地学习从事跨境电子商务行业所需的各类知识，同时，学校能够更有针对性地组织开展跨境电子商务人才培养，构建独立系统的跨境电子商务人才培养体系，从而确保培养出具有较强专业性的高素质跨境电子商务人才。

二、课程设置不断改进

课程设置是高校跨境电子商务教学体系的核心组成部分，直接关系到高校跨境电子商务人才培养的效果。合理的课程设置需要综合考虑跨境电子商务行业的发展趋势、跨境电子商务行业对于人才的需求、学生的专业基础、理论与实践课程的安排等。

跨境电子商务专业具有较强的综合性，涉及大量商业贸易的知识点，还与许多学科存在交集，知识量较大，授课阶段时间紧、任务重，这对跨境电子商务专业的课程安排提出了一定的挑战。

作为一门独立的学科，在高校实践教学中，教师需要教授大量的理论知识，不仅包括电子商务平台实务、跨境电子商务数据分析与应用、跨境电子商务客户服务、跨境电子商务采购与物流管理等跨境电子商务专业理论知识，还包括经济管理知识、贸易知识、物流知识、外语知识等与跨境电子商务联系紧密的其他学科的专业知识。高校根据在教学实践中暴露出来的问题积极在课程设置方面进行了以下几个方面的探索。

（一）注重与时俱进

时代性对于跨境电子商务的教学来说十分重要：一是跨境电子商务本身就是经济全球化与信息时代的产物，具有鲜明的时代特点；二是跨境电子商务发展迅猛，其内容和贸易方式会随着时代和科技的发展以及相关政策的改变而产生变化；三是社会是处于不断发展之中的，人才的培养也应与时俱进，关键就是要在课程设置与教学内容上做到与时俱进。

综上所述，在设置课程和制订教学计划时应重视跨境电子商务课程的时代性、前沿性，确保培养出的人才符合跨境电子商务发展和新时代国家发展的需求。

（二）教学模式不断优化

由于跨境电子商务专业设立的时间不长，且国内外可借鉴的成熟教育经验不多，因此，高校在结合我国跨境电子商务发展实践的基础上，一直在对跨境电子商务专业的教学模式不断进行调整与优化，力图探索出一套符合我国发展实际的人才培养模式。

高校根据跨境电子商务人才培养模式存在的问题，不断改进专业课程的设置和安排，丰富与完善教学体系，学习和探索先进的教学模式。过往的跨境电商教育通常采用传统的课堂授课的方式，这种相对单一的培养路径在很大程度上难以满足行业对人才实践能力和复合型能力的要求。为了使学生在真实业务场景中得到锻炼，各高校逐渐探索出多元化的教学模式，包括案例教学、项目式学习、实境模拟和线上线下混合式授课等。在案例教学方面，教师会选取具有代表性的跨境电商项目或企业实例，引导学生分析国际市场环境、供应链管理要点及政策法规适用范围，帮助学生形成对整体业务流程的系统性认知。在项目式学习方面，教师会将各学科知识点融入具体的运营或营销项目中，让学生在"做中学""学中做"，切实提升学生的跨境电商平台运营、客户关系维护和跨文化沟通等实践技能。通过引入先进的虚拟仿真技术和交互式学习平台，学生能够在教师的指导下，在模拟的跨境贸易环境中参与下单、清关、结算、售后服务等环节，这种教学模式能使学生在低风险、高体验的情况下掌握关键技能，而且，线上线下相结合的模式也为资源有限的院校提供了更加灵活与多元化的教学方案。

三、师资力量不断壮大

（一）教师数量不断增加

人才培养的关键在于师资队伍的建设，没有高素质的师资队伍，人才的教育与培养便无从谈起。随着开设跨境电子商务专业的高校越来越多，跨境电子商务专业师资队伍也随之逐渐壮大，为跨境电子商务专业人才培养提供了充足的师资力量。

跨境电子商务专业的建设需要大量的高素质教师，跨境电子商务专业教师队伍的壮大主要有以下几种来源：第一，高校培养出了大量具有专业素质的跨境电子商务人才，这些人才中有一部分进入跨境电子商务行业进行工作，还有一部分从事跨境电子商务教学工作。第二，从高校引进大量相关专业的优秀教师，并从社会中引进经验丰富的从业人员担任兼职教师，壮大了跨境电子商务的师资队伍。第三，部分高校还从海外引进高素质跨境电子商务人才担任教师，将不同的发展理念与教育理念带入高校，与本地行业发展现状与人才培养实践相结合，促进了跨境电子商务人才培养的多元化发展。

（二）教师素质有所提升

随着跨境电子商务专业的设立和发展，我国高校跨境电子商务师资队伍不但在规模上实现了扩充，在综合素质上也得到了显著的提升。一方面是由于跨境电子商务人才培养体系日渐成熟，教师对于跨境电子商务教学模式和课程体系有了相对全面的把握，能够根据跨境电子商务知识与技能体系，对课程教学模式与教学方法进行系统构建；另一方面，国家对于教师专业化发展的重视程度不断提升。高等教育作为层次较高的教育形式，国家对其师资队伍的专业化发展水平十分重视。近年来，政府和社会给予高校跨境电子商务师资队伍建设大量的支持，以促进跨境电子商务师资队伍专业化水平的提升。

第二节　我国高校跨境电子商务人才培养的可提升空间

一、人才培养体系有待完善

（一）教学体系有待完善

目前，虽然许多高校设立了跨境电子商务专业，但是其人才培养体系尚有较大的完善空间。高校的人才培养模式是一套完整的培养体系，包含课程体系的建立、教学结构的设计、教学技术的配置、评价机制的构建等。因此，构建完整的教学和实践体系，形成一套系统化的培养方案，让学生综合学习理论知识与实践技能，是我国跨境电商人才培养的首要任务。

高校应该充分研究国内外跨境电子商务的相关理论，并结合中国跨境电子商务行业的发展实际以及教育学的相关知识，探索更加完善的人才培养体系，充分结合自身的发展实际。

（二）实践技能训练有待增强

跨境电子商务是时代的产物，发展历程较短，具有鲜明的时代性，且跨境电子商务行业发展日新月异，各种新业态、新模式不断涌现，这就造成跨境电子商务专业的知识体系更新速度非常之快，需要根据实践的发展不断增加新的内容。因此，教育者在教学过程中需要去粗取精，选取其中具有普遍性和时代性的内容重点进行教授，而对于新的知识与行业发展的新动态，则需要及时补充进课堂之中。

跨境电子商务专业具有很强的实践性，高校跨境电子商务专业的人才培养是无法仅仅依靠理论教学而实现的，需要间接经验与直接经验共同作用，才能实现学生知识与技能体系的不断发展与完善。学生间接经验的获取主要是通过课堂教学来完成的，而学生的直接经验获取则需要实践的支持，只有通过实践，学生才能切身体会到实际工作内容与课堂知识的差距，才能更好地认识理论与实践之间的联系，才能在实践之中充分发挥主观能动性，将理论应用于实践，再从实践中总结经验，丰富自身对于跨境电子商务的认知。

在高校跨境电子商务人才培养实践中，大部分高校已经开始重视学生实践技能的培养与训练，主要采取的方式就是校企合作，学校通过多种方式与企业之间建立不同类型合作关系，共同进行人才的培养。

目前我国的跨境电子商务人才培养已经取得了显著的成果，通过不断深化产教融合，跨境电子商务领域的校企协同育人机制不断得到完善，企业与学校应充分发挥教学主体的作用，在实践教学中不断探寻人才培养的新模式，进一步完善跨境电子商务教学体系。

二、教学模式尚需优化

（一）教学方法缺乏先进性

在跨境电子商务教学的过程中，部分高校出于谨慎的考虑，在教学方法的选择上比较传统，并没有引进前沿的教学方法和授课形式，仍然强调对于具体知识点的教授，不但课程教学枯燥，而且不利于学生的理解与运用。这种教学方法没有考虑到跨境电子商务专业的特点，只是照搬传统 学科的教学思路，这种教学方法虽然能够保证学生专业理论知识的扎实，但跨境电子商务专业作为时代发展的产物，具有鲜明的时代特色，因此可能并不适用于跨境电子商务专业的教学。

（二）重理论而轻实践

我国部分高校跨境电子商务教学存在重理论轻实践的现象，这是由两方面的原因所导致的：首先，跨境电子商务教育是一个全新的专业，且包含的理论知识点多，涉及诸多其他学科，这就导致学生在学习理论知识时需要耗费巨大的精力。理论是实践的基础，在理论掌握困难的前提下，教师与学生很难将更多的精力放在实践训练上。其次，跨境电子商务学科的发展历程较短，教学配套不完善。跨境电子商务的实践性较强，这就决定了其教学必须辅以实践平台，虽然许多高校建立了相关实践基地，与一些企业之间也建立了合作关系，但是，由于配套设施不完善，这样的实践教学方式往往难以达到预期的效果。

第五章　构建完善的高校跨境电子商务课程及评价体系

第一节　高校跨境电子商务课程体系的构建基础

一、高校跨境电子商务课程体系构建的原则

课程体系是高校教学的核心组成部分，对于人才的培养至关重要。高校跨境电子商务课程体系的构建是一个系统的工程，在课程构建过程中既不能因循守旧，还要符合教育的一般规律，并要体现专业特色。高校跨境电子商务课程体系构建所需要遵循的原则如图 5-1 所示。

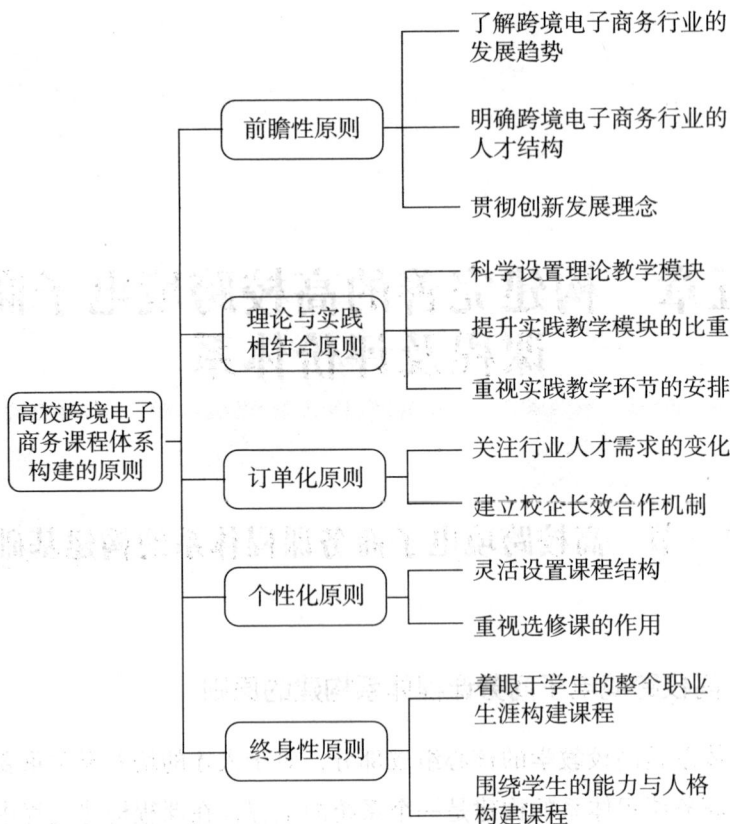

图 5-1 高校跨境电子商务课程体系构建的原则

（一）前瞻性原则

所谓前瞻性原则，指的就是高校在构建跨境电子商务人才培养课程体系时，要充分研究市场发展趋势与人才结构变化，并根据研究结果预见性地构建课程体系，使其符合行业发展的需求。

在高校教育实践中，任何专业的课程体系建设都需要遵循前瞻性的原则。当今时代，知识与信息更新的速度非常快，大量新技术和新发展理念不断产生，人才的培养本就需要一定的周期，若高校的教育内容未能与时俱进，那么其人才培养难免会滞后于行业的发展。高校若想真正提升人才培养的质量，使培养出的人才能够对行业的发展起到良好的推动作用，不仅需要在教学内容上与时俱进，还应在课程体系构建上具有一定的前瞻性，这样才能培养出行业发展所需要的人才。

前瞻性原则对高校跨境电子商务课程体系建设来说尤为重要。由于跨境电子商务专业发展历程相对较短，课程体系建设有待进一步完善，资深教师与"双师型"教师相对短缺，加之跨境电子商务行业发展迅猛，日新月异，这就导致了部分高校跨境电子商务人才培养滞后于电子商务行业发展。跨境电子商务是时代的产物，正处在不断成长与发展之中，新的技术、新的模式以及新的理念不断丰富着跨境电子商务的内涵。

高校跨境电子商务人才培养应该以推进产业发展为目标，在课程教学内容上与时俱进，在课程构建思路上遵循前瞻性原则，摒弃落后的教材，改进传统的教学方式，使学生的知识与能力结构具有一定的先进性，能够为行业发展做出贡献。在高校跨境电子商务课程构建的过程中遵循前瞻性原则，就需要在以下几方面努力。

1. 了解跨境电子商务技术的发展趋势

高校跨境电子商务人才的培养是以社会经济发展需求为导向的，因此，教育者应该对跨境电子商务行业的发展有全面且深入的了解。跨境电子商务行业的发展是科技发展的成果，因此，技术在跨境电子商务中扮演着重要的角色，高校若想更加科学地构建跨境电子商务课程体系，就应该掌握国内外跨境电子商务相关技术的最新发展情况。

此外，教育者还应结合跨境电子商务的发展历程以及行业特点，对跨境电子商务的发展现状进行综合研判，对跨境电子商务的未来发展趋势进行科学预测，并在此基础上构建跨境电子商务人才培养课程体系，以保证课程的前沿性，使学生所学内容不落后于实践的发展，使学生的知识与能力结构能够跟上跨境电子商务行业未来的发展。

2. 明确跨境电子商务行业人才结构

课程体系的前瞻性不仅体现在课程内容上，还体现在课程结构上，高校跨境电子商务人才培养不仅要使学生的知识与技能结构具有一定的先进性，还要使其符合行业发展的需求，从而更加顺利地就业。

行业的人才结构与行业发展以及学生就业密切相关，行业人才结构体现了行业从业人员的构成现状，反映着行业对于人才的需求方向。高校只有明确了行业对于人才的需求，才能有针对性地构建人才培养的课程体系，开展人才培养。行业人才结构还与行业的地区发展现状密切相关，由于不同地区之间的经济发展水平、经济结构、政策与环境均存在一定的差异，因此，同一行业在不同地区的发展情况、从业人员结构、发展趋势都有所不同，对于人才的需求也不同。高校在构建人才培养的课程体系时，必须要结合地区的发展特点，有针对性地开展教学活动，特别是部分以服务区域发展为主要目标的地区高校，更应该重视这一点。

在高校跨境电子商务课程体系构建中，教育者需要根据充分的实践调研与分析研究，明确当前电子商务市场的人才结构以及跨境电子商务各类人才需要具备的理论知识、能力结构、职业素养，并以此为依据，构建电子商务人才培养体系，使学生有充分的就业机会和较强的就业能力。

3. 贯彻创新发展理念

创新是引领发展的第一动力，当今时代，任何领域的发展都离不开创新，在教育领域也是如此。教育的创新体现在人才培养的各个环节，在人才培养理念、人才培养模式、课程内容、教学方法以及人才培养评价机制等各个方面，都应贯彻创新的理念，这样才能保证人才培养的先进性。

课程体系是高校跨境电子商务人才培养的关键环节，由于跨境电子商务是一个崭新的学科，具有鲜明的时代性与实践性，且专业本身涉及大量学科的交叉学习，如跨境电子商务英语、跨境电子商务物流以及跨境电子商务沟通与客服等。因此，跨境电子商务专业不能完全沿用传统的教育思路来组建课程体系，应该具有创新思维，不拘泥于传统的课程结构，综合国内外跨境电子商务人才培养的经验，结合行业的发展实践，有针对性地构建符合本校跨境电子商务教学思路与学生发展需求的人才培养体系。

创新是高校教育发展的重要驱动力，没有创新，教学活动与教学内容就难以实现新的突破，特别是在新兴产业的人才培养中，由于发展历程较短，缺乏成熟的方法论指导，更需要在实践中摸索人才培养的路径，探寻人才培养模式和课程体系构建的新思路。高校教育的目的是培养符合时代发展需求的高素质人才，参与、推动甚至引领行业的发展，这就要求高校培养出的人才不仅符合行业的发展需求，还应该为行业的发展注入新鲜的血液，带来新的发展理念，因此，创新精神在跨境电子商务人才培养的课程体系建设中十分重要。

（二）理论与实践相结合原则

跨境电子商务是一门年轻的专业，也是一门实践性较强的专业。跨境电子商务发展历程较短，从业人员的素质参差不齐，行业对于具有较高跨境电子商务专业素质的人才需求量较大，因此，高校跨境电子商务人才培养一定要重视提升人才的专业素质，重视跨境电子商务专业理论课程的构建，帮助学生构建全面、科学的跨境电子商务知识结构。

跨境电子商务较强的实践性还要求高校重视对学生实践能力的培养，突出技能教学的重要性，通过校企合作、课外实践等方式锻炼学生，使其能够切实掌握跨境电子商务领域的实践技能，更好地满足行业发展对于人才的需求。

高校跨境电子商务人才的课程设置既要重视学生对于理论知识的掌握，以提升人才的专业性，还要重视对学生实操技能的训练，以保证人才具有较强的实践能力。因此，高校在构建跨境电子商务课程体系时，应该贯彻理论与实践相结合的原则，这就需要高校从以下几点出发构建课程体系。

1.科学设置理论教学模块

跨境电子商务是一个综合性较强的专业，其涉及的理论知识非常多，包括跨境电子商务知识、外语知识、跨国物流知识、营销知识、平台运营知识、设计知识等。但课时是有限的，因此高校在设置课程时应分清主次，明确理论知识教学的主体，保证主体学科的课时，以确保学生掌握扎实的基础知识。高校还应根据行业的发展需求对于其余学科的课程安排进行灵活调整，使人才的培养符合行业发展的需求。

2.提升实践教学模块在课程体系中所占比重

如前文所述，在传统的高校人才培养理念中，实践教学课程在课程体系中所占的比重并不高，这种教育理念是不符合跨境电子商务专业发展要求的。无论从跨境电子商务专业自身的特点来看，还是从跨境电子商务行业对于人才的需求来看，实践技能的训练都是人才培养的重要环节。因此，高校跨境电子商务人才培养不能完全沿用传统的人才培养思路，要在课程设置上充分体现实践性。

在高校跨境电子商务课程设置中，要提升实践教学模块所占的比重，帮助学生在学习过程中充分将理论与实践相结合，不仅要知道知识"是什么"，还需要知道知识"怎么用"，不仅要具备系统的理论知识结构，还要能够将理论知识充分运用到实践中。

3.重视电子商务实践教学环节的安排

贯彻跨境电子商务人才培养的实践性，需要在提升实践教学模块在课程体系中所占比重的同时，重视实践教学环节的具体安排，如教学计划、教学方式、实践内容等。要统筹实践教学各个环节在课程体系中的位置，厘清不同实践教学环节的教学顺序与所占比重，保证实践教学能够充分发挥其作用。

实践教学环节的安排需要科学规划，与理论教学充分结合，相辅相成，因此，不同的理论教学内容搭配对应的实践教学内容，形成模块化的教学模式。这种理论与实践相结合的模块化教学对于跨境电子商务课程体系建设来说尤为重要，因为跨境电子商务专业涉及的课程虽多，但课程之间的内在联系较少，如外语、物流、平台运营等教学模块，虽然都是跨境电子商务的基础构成内容，但是互相之间缺乏必然的联系。如果实践训练与理论教学搭配不科学，则很容易使学生的理论学习与技能学习产生错乱，不利于实现人才培养的预期目标，因此，实践教学环节的安排需要有系统、科学的规划。

在理论与实践相结合的模块化教学模式下，学生能够及时将所学理论知识运用于实践当中，用理论指导实践，并通过实践深化对于理论知识的理解。学生在实践训练中获取的是直接经验，并且能够发现理论学习所没有涉及的问题。这些问题可以通过与教师和同学的研讨来共同解决。

（三）订单化原则

订单化原则指的是高校跨境电子商务人才的培养需要以企业需求为导向，根据企业订单确定人才的培养方案与具体课程的安排，使培养出来的人才符合企业发展的要求。

当今时代，人力资源已经成为企业核心竞争力的重要组成部分，高素质人才是企业得以在激烈的市场竞争中立足的关键，特别是在新兴行业中，高素质人才能够帮助企业在产业的蓝海中拓展市场，开辟新的发展道路，跨境电子商务行业亦如此。跨境电子商务专业的教育目标是培养高素质的应用型人才，因此，高校跨境电子商务专业课程体系的构建必须以行业发展的需求为导向，以行业的人才结构为重要参考。

在跨境电子商务人才培养中，学校与企业共同组成人才培养的主体，双方联合制定人才培养的方案，共同进行人才的培养。学校根据企业的需求培养人才，企业则为学校提供一系列帮助和支持。这种在产教融合理念指导下的校企协同育人的模式，催生出高校跨境电子商务人才培养模式中的订单化培养模式以及高校电子商务人才培养课程体系建设中的订单化原则。

订单化人才培养方式能够有效沟通教育与就业，学校在人才培养中贯彻订单化原则，能够使跨境电子商务人才的培养有的放矢，使学生的知识与能力结构符合行业发展的需求。企业能够通过与学校联合开展人才培养补充自身发展所需的人才，填补人才缺口，实现高质量发展，在激烈的市场竞争中取得先机。学生能有针对性地开展系统性学习，并顺利实现从课堂到企业的过渡。由此可见，在高校跨境电子商务人才培养的过程中贯彻订单化原则，有利于实现学校、企业与学生的多方共赢。在跨境电子商务人才培养中贯彻订单化原则，可以从以下两个方面入手。

1. 关注行业人才需求的变化

在跨境电子商务课程构建中贯彻订单化原则，高校与企业首先应该明确跨境电子商务市场的发展现状与趋势，关注行业人才需求的变化，深入分析市场对于不同类型人才的需求，并以此为依据，结合企业与高校自身的发展实践，适时调整跨境电子商务课程的结构，调整与企业需求紧密相关的课程比重，使跨境电子商务课程结构真正按订单构建，提升教学活动的针对性。

2. 建立校企长效合作机制

在跨境电子商务课程设置中贯彻订单化原则的重要前提和保障就是校企之间建立长效的合作机制。订单式培养方式可以实现招生与招工同步、毕业与就业联通、教学与生产融合，企业之所需即学校之所教，学生之所学即岗位之所用。这种培养方式具有很强的目的性与针对性，以企业的具体需求为指向，非常契合跨境电子商务人才培养的特点。

首先，订单化培养要求学校与企业之间建立有效的合作机制，校企之间的合作要落实到具体的人才培养订单上，而不能浮于表面。学校与企业之间始终保持密切的联系，明确企业需要什么类型的人才。由企业出资，每年依据自愿的原则选拔一批学生设立专门的班级，由校企双方共同培养。学生利用寒暑假进入企业实习，毕业后进入企业工作。在这一过程中，校企双方必须充分发挥人才培养主体的作用，为人才的培养提供足够的人力、物力和财力支持。

其次，订单化培养原则要求学校与企业建立长期的合作关系。在校企合作中，校企协同育人需要校企双方建立相对稳定的合作关系，由于人才培养体系是由校企双方共同制定的，因此，高校的人才培养具有明确的岗位指向性，面向的是企业的需求，倘若学校与企业之间不能建立牢固、长效的合作机制，那么高校人才培养将难以形成一套科学、固定的模式，严重影响人才培养的质量。

综上所述，高校跨境电子商务课程体系建设需要遵循订单化原则，以企业的需求为出发点开展人才培养工作，而贯彻订单化原则的重要前提和保障，就是校企之间建立长效的合作机制。

（四）个性化原则

个性化教学既是当前重要的教学方式之一，也是现代教育理念中非常重要的原则之一。个性化原则要求高校在教育过程中，尊重学生的个性，因材施教，为国家和地方的经济建设和社会发展培养多层次、多类型的，具有鲜明个性、创新精神以及实践能力的高级复合型人才。在跨境电子商务课程体系的构建中，个性化原则要求将关注的重点放在学生个体与教学上，课程的构建要充分考虑学生的个性，帮助学生获得更好的发展。

在课程体系构建中提倡个性化既是因为学生有个性化发展的需求，也是因为社会的发展需要不同类型的人才，同时国家教育部门也提出要促进学生个性化发展。若想在跨境电子商务课程体系构建的过程中贯彻个性化原则，需要从以下两个方面入手。

1.灵活设置课程结构

个性化原则要求在构建跨境电子商务课程的过程中，充分发挥学生个性，在帮助学生掌握共性知识与能力的基础上，促进其个性化发展。这样不但能为社会培养多层次、多类型、富有创新精神的人才，还能提升学生学习的积极性。教师则可以在教学过程中循循善诱，因势利导，满足学生的发展需求。

因此，电子商务课程结构设置应该具有灵活性，使学生在掌握基本知识体系的基础上，能够根据自身特点与兴趣选择不同的教学模块进行学习。课程结构可以根据学生的个体差异进行差异化、层次化教学，培养和发展学生不同的特长或专长。

灵活构建课程结构需要注意两方面的问题：其一，灵活设置课程需要以保证基础课程的教学课时为前提，学生个性的发挥不能脱离对专业基本理论知识的学习。在跨境电子商务课程体系的构建中，应该重视必修课程的课时安排，不能随意调整或缩减必修课程的学时，以免影响学生基础知识的掌握。其二，要科学、系统地进行课程设置，灵活构建课程结构指的并不是打乱正常的教学秩序，而是在顺应人才培养规律的基础上，为学生提供更多的发展途径。

2. 重视选修课的作用

选修课在高等教育课程体系中占据着重要的地位，选修课教学是帮助学生开阔视野、拓展思维的重要途径。高校应该重视选修课的作用，科学规划选修课程的安排，并对于选修课程的教学进行科学的管理。

选修课对于促进学生个性化发展具有较强的推动作用，是跨境电子商务教学体系中必不可少的一环。教育工作者不能随意缩减选修课的课时，要针对不同学生群体，结合跨境电子商务人才的要求，构建结构合理的选修课模块。

选修课主要分为限制性选修课与非限制性选修课。限制性选修课指的是学生需要在某一学科领域或某一组课程中选修，这种选修课程对于促进学生的专业学习具有重要作用。以跨境电子商务课程设置为例，限制性选修课程会将教学内容限制在跨境电子商务相关领域，如不同类型的商务外语、视觉设计与艺术设计、营销技巧的拓展教学、心理学与法学的相关知识等。限制性选修课程是必修课程的重要补充，也是学生专业知识学习与个性化发展相结合的重要纽带，学校在构建课程体系时应重视限制性选修课与必修课的结合，使二者在人才培养方面相辅相成，相互促进。

非限制性选修课也称为任意选修课，是面向全校学生的，受专业限制较少，主要作用是拓宽学生的视野、开发学生的思维。在构建非限制性选修课程时，学校不应拘泥于具体的专业限制，而要以培养和提升学生的综合素质为出发点，使选修课各具特色，同时符合学生成长和发展的特点。非限制性选修课的内容丰富多样，包括文化、体育以及各种类型技能的教学。学校在构建非限制性选修课时，要注重教学管理措施与教学评价机制的建设，使选修课充分发挥育人作用，避免"捞取学分"和"选而不修"的现象发生。

（五）终身性原则

终身性原则指的是学校要用长远的眼光构建跨境电子商务的课程体系，不能仅考虑学生的就业，还要关注学生的终身发展，使学生能够通过在校学习获益终身。

人的一生是一个长期、动态发展的过程，学习与就业仅仅是其中的一部分。高校跨境电子商务课程的设置，不仅要培养出能快速适应工作岗位的高素质人才，还要有利于学生的终身发展。在高校跨境电子商务课程体系的构建中贯彻终身性原则，需要做到以下两个方面。

1. 着眼学生的整个职业生涯构建课程

随着时代的发展，企业岗位变动与职业转换速度加快，人员流动性增强。同时，各行业对于从业人员素质的要求也越来越高，职业专业化程度不断加深。学生就业以后，很难保证在较长一段时期内不会更换工作，甚至有一部分学生会更换所从事的行业。因此，高校在构建跨境电子商务课程体系时，不能将目光仅仅放在学生的短期就业上，而是应该着眼于学生的整个职业生涯以及个人发展。

在构建跨境电子商务人才培养课程体系时，教育工作者应该对各门课程的内容和教学模式进行深入分析，科学搭配基础理论学科、实践性强的学科与知识覆盖面广的学科。专业的基础理论与实践技能教学能够帮助学生提升专业素养，为今后在跨境电子商务领域的发展打下坚实的基础。知识覆盖面广的学科则可以提升学生的综合素质，锻炼学生在生活与工作中所需的各项基本能力，如外语交流能力、数据分析能力、沟通交流能力、团队协作能力以及职业生涯规划能力等。

不同类型课程的科学搭配，能够在夯实学生专业理论基础、提升学生实践技能的同时，拓展学生的知识面，提升学生的综合素质，使学生能够适应不同类型的工作，在未来获得更好的发展。

2. 围绕学生的能力与人格构建课程

跨境电子商务人才培养课程体系的构建应该围绕学生的能力与人格来进行，能力与人格对一个人的发展具有重要影响。

能力是完成一项目标或者任务所体现出来的综合素质，包括一般能力、认知能力、创造能力等。任何行业的发展都需要以高素质的人才为基础，而能力素质是人才素质最为突出的表现。跨境电子商务行业对于人才能力的需求主要分为专业能力与一般能力两大部分。专业能力包括跨境电子商务理论知识水平与实操能力；一般能力则包括团队协作能力、沟通交流能力、自主创新能力等。

在跨境电子商务课程体系的构建中，需要以提升学生的专业能力为主要目标，围绕工作岗位所要求的知识、技能和能力组织课程与教学，将理论知识教学与实践技能训练充分结合，在夯实学生专业理论知识基础的同时，提升学生的实践水平。企业要深入参与到人才培养的整个过程中来，与学校共同制定人才培养计划，构建科学的课程体系。

跨境电子商务课程体系的构建还要注重对学生一般能力的培养，通过实践训练提升学生在未来工作中所需掌握的一般能力。以自主学习能力为例，当今时代，终身学习理念要求学生在离开学校后依然能够自主进行知识的获取。正所谓"授人以鱼不如授人以渔"，提升自主学习能力，可以帮助学生在未来的工作和生活中不断提升自我，不断实现自我的发展。同时，具备自主学习能力的人才可以根据实践的发展不断汲取新的知识，并开展创造性的实践活动，为行业的发展注入新鲜的血液，而这也正是企业发展所需要的。

人格对于一个人的发展同样十分重要。人格主要是指人所具有的独特而稳定的思维方式和行为风格，具有一定的倾向性，是一种相对稳定的心理特征，健康的人格对人的发展具有积极的促进作用。随着跨境电子商务产业的不断发展，企业日益注重人才的人格健康。能力固然是企业对于人才重要的考查指标，但人格体现着一个人的综合素养，综合素养较高的人才更能适应不同类型的工作，更能在工作中充分发挥主观能动性，为企业的发展注入新的活力。

能力与人格对于学生的个人发展具有重要影响，围绕提升学生的能力与人格来构建课程教学体系，能够帮助学生打造更加全面的知识与能力结构，使学生具有较强的发展潜能和接受继续教育的能力，让学生从学校的学习中受益终身，对于学生的长远发展大有裨益。

二、高校跨境电子商务课程体系构建的指导思想

理论对实践具有重要的指导作用，课程体系的构建需要以科学的教育思想为指导，跨境电子商务更是如此。跨境电子商务专业的发展历程较短，课程体系的建设经验不足，需要针对不同的教育思想进行综合分析，探寻最适合的指导思想。目前，受到学界广泛认同的高校跨境电子商务课程体系构建的指导思想主要有以下三种（如图5-2所示）。

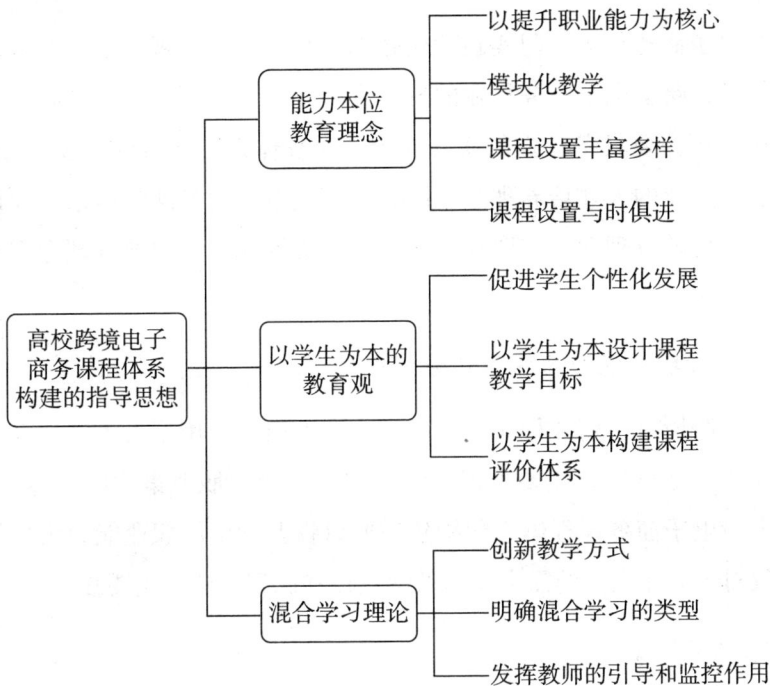

图5-2　高校跨境电子商务课程体系构建的指导思想

（一）能力本位教育理念

能力本位教育（Competency Based Education, CBE）指的是围绕具体工作岗位所要求的知识、技能与能力组织课程与教学体系。能力本位教育源于20世纪60年代北美地区的师范教育改革，于1967年被提出，以取代传统的师范教育模式。

能力本位教育理念由于本身就是从技术工人再培训的过程中总结衍生而来的，因此非常适用于职业教育，在其提出后不久，就被逐渐运用于职业教育与职业培训当中，并被广泛传播到世界各地。在职业教育中，能力本位教育观强调对于学生职业能力的培养，既包括专业知识体系的建构，也包括实践能力的培养，倡导在教学实践中使用灵活、多样的教学方式，不再将具体的学科知识和学历水平作为学生培养的核心，而是重视学生的实践训练和创新能力培养。

跨境电子商务作为一门实践性较强的学科，非常重视对学生实践能力的培养和提升，跨境电子商务行业的发展也要求人才不仅需要具备扎实的理论知识基础，还需要具备较强的实践能力。课程体系是教育的主要构成部分，也体现着该专业的人才培养理念。因此，跨境电子商务课程体系的建设需要贯彻能力本位教育理念。在课程体系构建中贯彻能力本位教育理念需要注意以下四点。

1. 以提升职业能力为课程体系构建的核心

当前，跨境电子商务行业的发展需要高素质的应用型人才，在高校跨境电子商务人才培养中，需要重视对学生职业能力与职业素质的培养和提升。因此，跨境电子商务课程体系的构建需要以提升学生的职业能力为目标，以行业发展对于人才素质的需求作为教学设计和课程构建的重要参考。

2. 模块化教学

高校在进行跨境电子商务课程体系构建时，需要将职业能力通过实践经验的总结以及能力观的分析转化为教学课程，一般采用模块化教学的方式。跨境电子商务涉及的知识非常庞杂，但知识之间又有着内在的联系，因此，跨境电子商务的课程体系应该将教学内容按模块进行有序划分，根据不同的模块规划课程、组织教学，使课程体系层次分明、教学思路清晰明确。

3. 课程设置丰富多样

跨境电子商务涉及多门学科的交叉学习，因此，课程设置应该丰富多样，既要涵盖从事跨境电子商务行业所需掌握的各类基础知识，还要灵活调整具体的课程内容，使课程的构建符合学生发展的需求。丰富的课程内容可以为学生提供更多的发展方向，有利于学生个性的发挥，帮助教师采取个性化教学方式，更好地因材施教。

4.课程设置与时俱进

跨境电子商务行业的发展日新月异，倘若课程的设置和教材的选择不能与时俱进，那么高校跨境电子商务人才的培养就会落后于时代的发展。因此，在进行课程构建时，应该使课程能够体现时代发展的特征，涵盖行业发展的最新内容，以保证学生知识与能力体系的构建符合跨境电子商务行业发展的需求。[①]

（二）以学生为本的教育观

以学生为本是现代教育的重要理念之一。学生是教学活动的主体，高校人才培养的重要目标之一就是促进学生的全面发展，而跨境电子商务人才培养的主要目的是培育符合市场需求的跨境电子商务人才，为我国跨境电子商务的发展提供人才保障，进而推动新时代中国特色社会主义市场经济的发展。因此，无论是理论知识教学，还是实践技能培养，最终落脚点都应该是促进学生的发展，无论是课程体系的构建还是教育模式的选择，都应坚持以学生为本的教育观。

在人才培养的过程中贯彻以学生为本的教学观，需要在课程体系构建过程中明确学生的主体地位，课程的设置应以提升学生的专业素养、促进学生更好发展为目标。课程体系构建不能机械地搬运他人的经验，应该重视学生的特点和差异性，要做到使课程设置不但符合行业发展的需求，还符合学生成长和发展的需求。具体而言，需要从以下几方面着手。

1.促进学生个性化发展

现代教育强调学生的个性化发展，发展学生个性是教学的基本任务，是

---

① 高荣侠.教师教学方法创新与实践[M].长春：吉林出版集团股份有限公司，2021：9-10.

现代教育重要的理念，对于学生的成长和发展具有重要的意义。在课程体系构建中重视促进学生的个性化发展，是促进学生全面发展的需要，也是以学生为本实施教育的基本要求。

创新是引领发展的第一动力，而创造性活动离不开创新型人才，在课程体系的构建中注重学生个性的发展也是培养创新型人才的需要。创新型人才需要具有创新意识、创新精神与创新能力，而这一系列创新素质的培养都要依赖学生的个性发展。个性的核心是创新，创新性蕴含于人的独立个性之中。高校跨境电子商务课程体系的构建不能因循守旧，要突出以人为本的理念，重视学生个性的发展。

2. 以学生为本设计课程教学目标

课程教学目标对于教学活动具有重要的导向作用，高校在课程体系构建中贯彻以学生为本的理念，就必须以学生为本设计课程教学目标。这就要求教育工作者改变传统的教育观念，使课程教学目标充分体现以学生为本的理念，不仅要将知识传授给学生，还要使学生能够扎实掌握知识、深入理解知识、灵活运用知识。

另外，课程教学目标的设计还要重视对于学生思维能力的培养，培养和提升学生的思维能力，使学生能够在遇到问题时充分发挥主观能动性，充分调动自身所掌握的知识解决问题。

3. 以学生为本构建课程评价体系

课程评价是指根据一定的标准和课程系统信息，以科学的方法检查课程的目标、编订和实施是否实现了教育目的，实现的程度如何，以判定课程设计的效果，并据此做出改进课程的决策。

由于课程评价体系直接关系到课程的设置和调整，因此其构建理念对于人才的培养具有重要影响。课程评价的对象范围较广，既包括课程本身，还包括课程实施与结果等要素。课程评价本身是一个价值判断的过程，以学生为本构建课程评价体系，可以将以学生为本的价值观贯穿课程评价体系的整个构建过程之中。

（三）混合学习理论

混合学习理论诞生于 20 世纪末，是一种倡导将新型教学方式应用于课堂之中的教学理论。虽然国内外学者对于混合学习的定义有所不同，但对于混合学习的基本内涵，学者们的观点总体一致。具体来说，混合教学理论就是传统课堂学习与新媒体、信息技术、网络技术等现代技术之间的充分结合，是网络学习与传统课堂学习的相互结合和互补。

混合学习理论具有鲜明的时代性，是伴随着时代发展和一系列新教学技术的产生而诞生的教学理念，当今时代的混合教育理论，强调线上教学与线下教学相结合的教学模式。

混合学习理念作为一种教学理念，其内涵是伴随着技术的进步而不断丰富的，本质是在人才培养过程中重视各教学要素的融合。跨境电子商务专业是时代的产物，其内容体现着技术的进步与时代的发展，因此，跨境电子商务课程构建也应该充分体现时代的先进性。以混合学习理论为指导构建高校跨境电子商务课程体系，需要从以下几方面入手。

1. 创新教学方式

混合学习理论的主要任务是教学方式的改革、教学结构的改善。跨境电子商务与混合学习理论类似，都具有鲜明的时代性和与时俱进的特点。因此，其教学不能沿用传统的教学模式，需要探寻适合本专业的创新教学模式和教学方法，而这正符合混合学习理论的基本理念。

跨境电子商务涉及的学科内容庞杂，混合学习理论则可以通过多种方式相结合的教学方法，拓展学生获取知识的渠道，便于学科的交叉学习。混合学习理论强调网络教学技术的重要性，在跨境电子商务的实践教学中，教师可以充分利用和开发现代教学技术，发挥网络的优点，使学生轻松享有内容丰富的多媒体材料，通过网络学习不断扩展学生的知识面，使教学过程更加直观，使知识的获取更加便利，在保障学生学习效果的同时，提升学生学习的效率。

2. 明确混合学习的类型

在高校跨境电子商务教学的过程中，若想充分发挥混合学习理论的作用，就必须明确混合学习的类型。混合学习主要分为三种类型，分别是基本型混合、增强型混合以及转变型混合。

基本型混合指的是通过不同的教学形式为学习者的学习活动增加额外的灵活性活动，拓展学习的路径，为学习者创造更多学习的机会，这种方式的特点是易于操作和实现。

增强型混合指的是通过创新教学方法，改善教学活动，如将新的教学技术运用在传统的课堂教学中，通过网络的形式提供某些额外的资源和补充材料，为课堂教学提供良好的辅助。这种学习类型注重传统教学与网络教学的有机融合。

转变型混合则会使教学法产生明显的转变，学生的学习方式也会产生明显的变化。学生不再被动地接受知识，而是通过动态交互成为知识的建构者。这种混合学习方式对于技术的依赖较强，一旦缺少技术的支持，将很难实现预期的人才培养目标。

3. 发挥教师的引导和监控作用

混合学习理论重视传统教学方式与网络教学的融合，无论是传统教学方式还是以网络教学为代表的新型教学方式，若想科学有序地实现人才培养的目标，就离不开教师的引导与监控。因此，在混合学习理论的指导下，高校跨境电子商务课程体系的构建需要发挥教师的作用。

在强调提升学生自主学习能力的今天，创新教学模式，使学生真正成为教学活动的主体是现代教育追求的目标。明确学生在教学活动中的主体地位并不代表着忽视教师在教学过程中的主导作用，因为学生的学习能力和思维能力是不断成长与提升的，所以，在面对新的知识或疑难问题时，教师必须充分发挥"传道、授业、解惑"的作用，通过引导和答疑解惑，帮助学生更好地学习和掌握新的知识。

教师的另一重要职能就是检视学生的学习过程，及时发现学生学习过程中存在的问题，如不良的学习习惯、学习心态的变化、情绪的变化以及对于不同知识学习能力的差异等。教师应该及时了解并帮助学生解决学习中的困难，使学生能够以更好的状态开展学习活动。

第二节　高校跨境电子商务课程体系的构建路径

一、厘清跨境电子商务课程体系设计的思路

（一）课程体系设计思路的重要性

课程体系是根据专业人才培养目标与培养规格确定的课程设置、课程内容以及开课进度安排。课程体系在高校教育中发挥着举足轻重的作用，是人才培养的基础环节，是实现高校人才培养目标的重要前提和基本条件。

课程体系并不是简单的课程开设计划。从内容上来看，课程体系包括学生在校期间学习的所有课程，涵盖了学生在高等教育阶段所需要掌握的各项知识与技能，是教学系统的基础构成要素。从结构上来看，课程体系包含理论知识课程、实践训练课程以及综合素养课程等不同类型的课程，是全面提升学生专业素质和综合素养的重要保障。

课程体系不是课程的简单堆叠，而要有明确的设计思路。既要符合人才培养的规律，符合学生发展的规律，还要与行业发展实践相吻合。只有这样，才能保证课程体系构建的科学性、有效性。没有清晰、明确的课程设计思路，课程体系的构建就会杂乱无章，不符合教育的一般规律，难以实现高校人才培养的理想目标。

（二）跨境电子商务课程体系设计的思路

跨境电子商务课程体系的设计需要满足人才培养过程中各个主体的需求，不仅要促进学生的全面发展，培养和提升学生的专业素质，还要符合行

业及社会发展对于人才的需求。跨境电子商务课程体系设计思路的具体内容如图 5-3 所示。

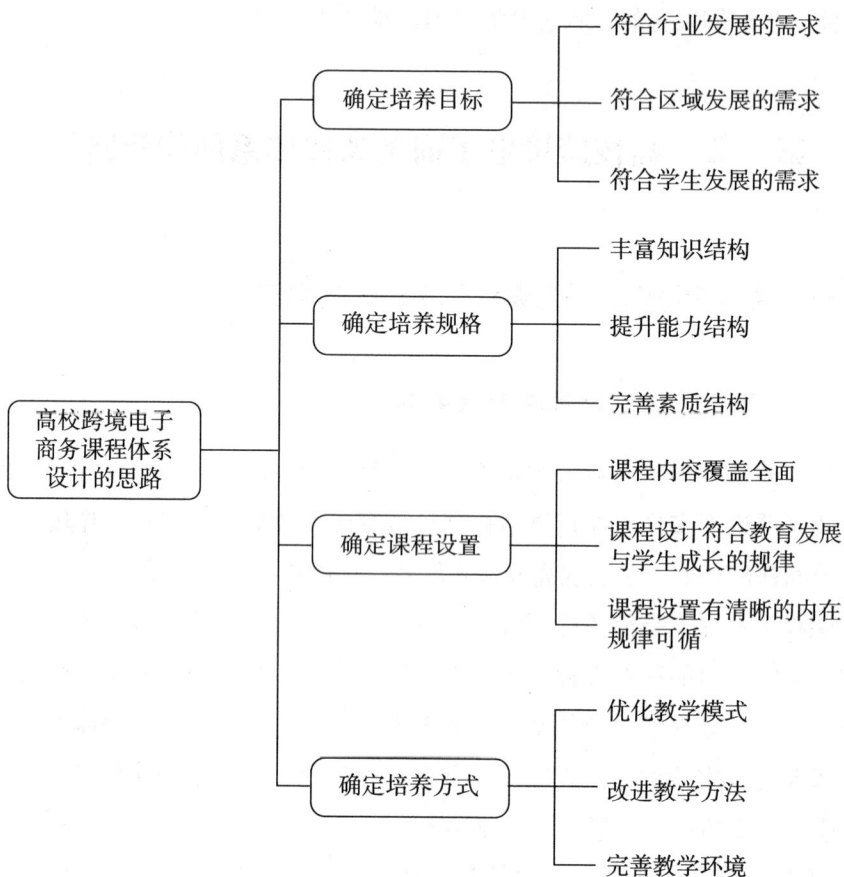

图 5-3　跨境电子商务课程体系设计的思路

1. 确定人才培养目标

课程体系的设计首先需要确定人才培养的目标，只有明确了教育目标，才能根据具体的目标选择和安排课程。人才培养目标的确定主要有以下几点依据。

首先，课程体系的设计需要充分考虑专业所对应行业对于人才的需求。高校人才培养的重要目标之一就是为行业的发展提供高素质人才，因此，行业的人才需求结构对于高校课程体系的构建具有重要的导向作用。

其次，区域经济和社会发展的需求也对高校跨境电子商务人才的培养具有重要的影响。许多地方高校的办学宗旨就是服务于区域经济发展与社会文化建设，不同区域的经济结构与经济发展水平存在较大的差异，这就导致不同区域跨境电子商务行业以及对于人才的需求也存在较大的差异，因此，高校跨境电子商务人才培养目标的确立应该充分考虑本地区行业发展对于人才的需求特点。

最后，学生自身发展的需求也是课程体系培养目标制定的重要依据之一。学生的发展需求集中体现在综合能力的提升以及就业情况上，因此，在跨境电子商务课程体系的设计过程中，要注重满足学生的发展需求，并能够更好地帮助学生就业。

人才培养目标是课程体系构建的基本依据，是课程体系设计思路的基本出发点。跨境电子商务作为一门年轻的学科，人才培养机制和课程体系构建尚处在不断探索与发展过程中，若想保证人才培养的质量，其课程体系的设计更需要明确的人才培养目标。

2. 确定培养规格

在课程体系设计中，确定了人才培养的目标，下一步就是根据目标确定人才培养的内容，即确定培养的规格。培养规格包括学生的知识、素质和能力结构，这三方面的内容是高校育人的核心，也是学生成长和发展必备的素质。

课程的设计应该兼顾对学生知识、素质和能力的提升，具体到跨境电子商务课程体系的设计中，在确定人才培养目标后就应该明确跨境电子商务专业在知识、素质与能力方面对于学生的要求。可以说，培养规格是对人才培养目标的细化，是具体课程设置最直接的参考。

3. 确定课程设置

课程设置即课程体系设计最为核心的内容，课程设置的目标即构建科学、系统、合理的课程体系。在跨境电子商务课程体系的设计中，课程设置需要注意以下几个问题。其一，课程内容要全面覆盖跨境电子商务人才培养的基本内容，包括基础理论课程，实践训练课程以及通识类课程等，为学生综合素质的提升提供保障。其二，课程设计要循序渐进，既符合一般的教育规律，又符合学生学习与发展的规律，要在夯实学生基础知识的前提下，按部就班地培养和提升学生的各项能力与素质。在高校跨境电子商务教学中，要重视基础理论知识课程的设置，并在此基础上提升课程的深度、延展课程的广度。其三，课程设置需要有清晰的内在规律可循，跨境电子商务涉及的课程类型非常多，不仅包括各种学科的交叉学习，还涉及大量的实践训练项目，倘若课程的设置缺乏内在规律性，就会使课程体系杂乱无章，不利于人才的培养。

4. 确定培养方式

广义上来看，课程体系既包括具体的课程安排，还包括课程教学的具体实施。在完成课程设置后，就应该依据具体的课程确定人才的培养方式，培养方式包括教学模式、教学方法与教学环境。

教学模式和教学方法的选用与课程设置之间有密切的联系，科学的跨境电子商务课程体系设计思路要求教育工作者按照具体的课程内容灵活选择教学方法。跨境电子商务作为一门崭新的学科，不能沿用传统学科的教学方式，教育工作者需要在跨境电子商务课程建设中贯彻产教融合的理念，校、企、政深入合作，共同构建人才培养的新模式。在具体的教学方法上，教育工作者要坚持理论与实践相结合的原则，以提升学生专业素质为目标，灵活选取符合课程特点的教学方法。

二、明确跨境电子商务课程体系构建的重点

（一）明确课程之间的关系

跨境电子商务课程体系的构建需要明确各类课程、各门课程之间的关系，这样才能保证跨境电子商务课程设置结构科学，层次分明，保证教学活动科学地开展。

1. 合理定位通识教育与专业教育两类课程之间的关系

专业课程是教学课程体系建设的核心，也是学生专业知识的主要来源。在学生就业时，用人单位考查的重点也是学生的专业素质。由此可见，专业课程的设置是高校跨境电子商务课程体系构建的重中之重。通识类课程指的是除专业教育之外的基础教育课程，这类课程重视学生常识性知识的学习。这里的常识性知识既包括具体的知识，还包括处理问题的能力，确切地说，是帮助学生构建一套完整的知识和能力体系，从而帮助学生树立正确的三观，更好地认识和改造世界。

无论是对于学生的就业还是长期发展来说，通识类课程教学都十分重要。通识教育与专业课程并不冲突，通识教育对学生综合素质的培养和提升有利于学生更好地开展专业课程的学习。因此，专业教育与通识教育之间并不是一种相互掣肘的关系，而是一种相辅相成、相互促进的关系。从事跨境电子商务行业，不仅需要学生具备扎实的专业知识与实操技能，还需要学生具备良好的沟通交流能力、团队协作能力以及创新能力等，这一系列能力的培养就仰仗于通识类课程的教学。

综上所述，在构建跨境电子商务课程体系时，要合理定位通识教育与专业教育两个方面知识之间的关系，应该用对立统一的观点处理两类课程之间的关系。

2. 摆正主修课程与辅修课程之间的关系

主修课程的教学内容是学生本专业的知识，辅修课程的教学内容是专业之外的知识，一般包括专业选修课与通识类课程。辅修课程虽然不属于学生的专业课程，但是对学生专业素质的提升具有重要的促进作用。

随着时代的发展，高等教育愈发重视学科交叉与复合，培养复合型人才既是高校提升人才培养质量的需要，也是社会经济发展的需要。学生走上社会所遇到的问题往往不是单一学科能够解决的，需要跨学科综合知识、素质与能力才能解决，对于研究型人才来说同样如此。研究领域的创新成果在许多情况下都是学科交叉研究的成果，交叉研究能够为专业研究提供新的研究思路和研究方法，这就要求研究型人才需要具备一定的交叉学科背景。因此，高校应该重视辅修课程的设计与教学，为学生提供跨学科选修的机会，要扩大辅修专业范围，各个专业均可开设辅修课程，供其他专业学生修读。

主修课程与辅修课程之间并非毫无关联的，而是具有内在逻辑联系的。

首先，辅修课程的教学内容是主修课程教学内容的扩展。由于课时的限制，主修课程只能教授学生本专业的核心理论知识，帮助学生构建起专业知识与技能体系的基本框架，难以兼顾多方向的人才培养。辅修课程最重要的作用就是为学生提供更多的发展方向，使学生能够拥有更多自主选择发展方向的机会。比如，在跨境电子商务中，跨语言交流能力是人才专业素质的重要考查标准。跨境电子商务面对的是全球市场，对于跨境电子商务行业来说，仅有英语人才显然是不够的。高校在培养跨境电子商务人才时，可以开设不同语言门类的辅修课程，教授除英语之外的其他语言，实现人才培养的多元化发展。

其次，辅修课程的教学内容是主修课程教学内容的重要补充。对于一个专业来说，主修课程种类繁多，每门课程只能将最主要的内容呈现给学生，而具体内容的细化与拓展则可以交给辅修课程来完成。比如，在跨境电子商务视觉设计与跨境电子商务物流等课程的教学中，无论是设计还是物流，其本身都具有丰富的知识点，且在高校教学中是一门独立的专业。因此，高校可以在跨境电子商务人才培养中开设与视觉传达设计专业或物流专业相关的辅修课，作为对主修课程的补充，加深学生对具体知识的理解，提升学生的专业素养。

最后，辅修课程是促进学生个性化发展的重要途径。作为主修课程的补充，辅修课程能够拓展学生的知识面，深化学生对于具体知识的理解。辅修课程与主修课程不同，辅修课程一般是由学生根据自己的特点与兴趣自主选择的适合自己的课程。无论是在课程选择上还是在课程的学习过程中，学生都具有较强的自主性。与此同时，辅修课程还能在拓宽学生知识面的同时扩展其思维，促进学生思维能力的发展。因此，辅修课程是实现学生个性化发展的重要途径。

3. 明确显性课程与隐性课程之间的关系

显性课程指的是传统课程，即教师和学生在规定的时间、规定的地点，依据教材和教学大纲，完成规定教学内容的有目的、有计划的教学实践活动。隐性课程则是除此之外的能对学生知识、技能和综合素质的提升产生促进作用的教育因素，是一种隐含的、非计划的、不明确或未被认识到的课程。隐性课程包括学校文化方面的教育、学习与生活环境方面的建设以及人际关系的建立等，能够对学生的成长和发展起到潜移默化的影响。

第二课堂是隐性课程的重要载体，其核心目标是增强学生的学习能力，提升学生的综合素质。第二课堂是在学校课程培养计划之外开展的开放式教育活动和实践活动的综合，包括参加社会实践、志愿服务、学术活动、创新创业、素质拓展、文体竞赛、参与学生社团等方面，是对第一课堂的延伸和拓展。

高校构建跨境电子商务课程体系必须明确显性课程与隐性课程之间的关系，才能更好地构建课程体系，组织教学活动。显性课程与隐性课程之间的关系主要有以下三点。

（1）互补关系。显性课程是在一定教学计划的指导下开展的教学活动，以学术性知识教学与专业技能培养为主要任务。隐性课程是在教学计划之外开展的教育性活动，以品德、综合素质的培养为主要任务，二者相辅相成，构成良好的互补关系。

（2）互促关系。显性课程与隐性课程之间是相互促进、共同提升的。显性课程与隐性课程之间的互补作用，能够不断完善学生的知识与能力体系，提升学生的综合素质。学生在显性课程中学习到的知识与技能，能够帮助其更好地认识世界与改造世界，进而推进隐性课程的发展，而学生通过隐性课程获取的生活经验，是一种在实践中产生的直接经验，能够帮助学生深化对于显性课程知识的理解。

（3）转换关系。显性课程与隐性课程之间的关系并不是一成不变的，隐性课程在一定条件下可以转化为显性课程。隐性课程一旦被发现具有成为显性课程的价值，其育人内容就会被明确化、系统化、规范化，进而被开发为显性课程。

综上所述，高校跨境电子商务课程体系的构建，应当明确各门课程、各类课程之间的关系，既要注重学生专业发展的需求，也要重视对学生综合素质的提升，系统、科学地构建跨境电子商务课程体系。

（二）优化课程结构

1. 明确培养目标与毕业要求之间的关系

在高校人才培养方案中，培养目标与毕业要求是十分重要的组成部分，决定了人才培养的方向和评价标准。人才培养标准应该与毕业要求之间具有明确的对应关系，要体现人才培养的目标。培养目标、毕业要求与课程体系之间具有密切的联系，培养目标是课程体系构建的前提，在课程体系中，无论是课程内容、课时安排还是培养方式，都需要根据人才培养的目标进行构建。毕业要求则是根据培养目标与课程体系制定的，需要科学地反映学生课程学习的状况。

高校应该优化学生的评价机制，使毕业要求符合人才的培养标准，并以此为依据构建课程体系与课程评价机制。

2. 明确毕业要求与课程内容之间的关系

在高校课程体系构建的过程中，人才培养目标与课程体系之间的关系一般处理得较好，但对于部分学校来说，课程内容与毕业要求之间关系的处理则尚需提升，特别是对于跨境电子商务来说更是如此。如何根据课程教学内容制定科学的毕业标准，是跨境电子商务人才培养需要面对的重要问题。

毕业要求与课程教学内容之间的对应关系，反映着某门具体课程的教学内容对于学生达成毕业要求的贡献情况。在专业人才培养方案中，关于课程教学内容与毕业标准之间的关系需要有明确的说明，这对于专业人才培养方案中的课程设置和课程教学内容组织十分必要。

由于跨境电子商务涉及的科目较多，且学科交叉性强，因此，厘清毕业要求与课程教学内容之间的对应关系十分重要，毕业要求体现着课程教学的内容，同时作为评价标准，毕业要求又对课程教学具有重要的导向作用。这种导向作用主要体现在毕业标准中不同权重的课程分别对应着教学过程中不同比重的课时与课程内容。毕业要求与课程教学内容的良好对应，能够帮助教师和学生明确教学的重点，厘清教学内容的逻辑结构，更好地构建课程体系，组织教学内容，开展教学活动。

3.科学设计教学进度

教学进度指的是在教学过程中，教育者依据教学大纲、教学计划、教材以及学生的特点，确定的适宜的教学活动开展的进度，它的安排与确定具有较强的针对性，能够及时反映专业教学活动的运行状态。

教学进度对于课程体系构建的影响主要体现在课时的安排上。跨境电子商务专业涉及的知识点较多，如何合理安排课时关系到学生对于知识与技能的掌握。教学进度的总体安排需要符合专业人才培养方案，遵循教育的一般规律，符合学生成长与发展的需求。

具体来说，在安排教学进度时，首先应该遵循学生的认知规律，根据具体课程，由浅入深地安排教学进度，夯实学生的理论基础。其次，应该以区域发展需求与行业发展需求为出发点，合理安排不同课程的课时与教学进度，突出教学的重点，帮助学生构建符合实践发展需求的知识与技能体系。最后，教学进度的安排应该考虑教学资源的合理利用。在传统的高校教育中，理论教学占用的课时较多，课内学习占用的学习资源较多，这就在一定程度上减少了学生课外自主学习与思考的时间，不利于学生自主学习能力的培养与个性化发展。跨境电子商务专业具有很强的实践性，注重技能型人才的培养，这就要求其课时安排不能沿用传统的模式，需要适当增加实践训练的课时。同时，现代教育理念重视对学生能力的培养与提升，这种能力不仅仅包括具体知识与技能的掌握，还包括自主学习能力、创新创业能力、沟通交流能力等。因此，高校应该合理设置周课时的数量，不能一味压缩学生的课外时间，要按部就班地开展教学活动，促进学生综合素质的提升。

三、完善跨境电子商务课程体系的内容

（一）完善理论教学课程体系内容

1. 国际商务知识

跨境电子商务本身就是一种国际商务活动，因此，跨境电子商务人才需要具备扎实的国际商务知识，如贸易知识、国际商务法律知识和网络知识产权保护知识等。以国际商务法律知识为例，当今世界一切商务活动都应该在一定的规则下进行，对于跨境电子商务来说，由于其在全球范围内开展商务活动，因此，跨境电子商务活动需要符合国际商务法律的规定，这就要求跨境电子商务行业的从业人员需要具备一定的国际商务法律知识，缺乏国际商务法律知识，很有可能导致财产与市场损失，对跨境电子商务企业的发展造成不利的影响。国际商务法律包括国际商法、国际税法、电子商务法、国际货物运输法、国际产品责任法、涉外经济法等分支，由于培养对象一般是非法律相关专业的学生，因此，如何统筹规划相关国际法律的教学，选择其中的重点知识进行合理的课程安排，就是高校教育者需要考虑的问题。

国际商务知识是跨境电子商务知识的重要组成部分，是跨境电子商务教学的基础组成部分之一，国际商务本身是一门独立的专业，有丰富的内容，因此，在跨境电子商务课程安排中，要合理安排国际商务知识的课时与内容，既要使学生对于国际商务知识有一个系统的把握，又要注意不能使国际商务教学内容太过冗杂，挤压其他课程的教学内容。

2. 电子商务知识与跨文化交流能力

从跨境电子商务专业的名称中就可以看出，该专业教学的主体内容包括电子商务知识教学与跨文化交流能力的培养与提升。

跨境电子商务是电子商务的一种特殊形式，两者在人才培养方面具有很多的相似性，但跨境电子商务之所以能成为一门独立的专业，是因为其人才培养具有许多的独特性，跨境电子商务行业对于人才知识与技能结构也有许

多特殊的要求。因此，在跨境电子商务的课程安排中，不能照搬传统电子商务专业的课程体系，而是要选取其中的重点知识内容，如网页设计、数据库管理、网络营销、网站建设等，将其与跨境电子商务人才培养的内容充分融合，重新构建跨境电子商务专业中电子商务的知识体系。

跨文化沟通能力是跨境电子商务人才素质结构中显著的特点，跨境电子商务行业缺少的是具有较高综合素质的应用型人才，因此，跨境电子商务专业课程体系的构建需要重视对学生跨文化交流能力的培养。跨境电子商务专业课程的设置注重知识的实用性，因此，其对于学生跨文化交流能力的培养以商务外语知识的学习与应用为主。

从事跨境电子商务行业，必然要面向世界市场，与世界各地的人们打交道，良好的外语沟通能力能够帮助跨境电子商务从业人员更好地开展业务，是跨境电子商务人才所必备的素质之一。跨境电子商务企业若想在世界范围内进一步拓展市场，还需要跨境电子商务人才具备一定的人文素养，对不同国家的历史文化传统、沟通礼仪、商业礼仪与习俗禁忌等具有一定的了解，这样才能更好地与不同国家的人们进行沟通。

3.通识类课程

通识类课程是高校教育课程体系中的重要组成部分，任何一门专业的教学都不能抛开通识教育只谈专业教育。专业课程的教学目标是提升学生的专业素养，而通识教育注重的则是提升学生的综合素质和人格修养，帮助学生构建正确的世界观、人生观和价值观。

通识类课程要求打破专业的局限，开阔学生的视野，课程内容既能拓展学生的知识面，又能培养和提升学生的思维能力，通识类课程主要有以下特性。

（1）普遍性。通识类课程涉及的是学生所应具备的基本素质与能力，这些素质与能力的要求具有普遍性，不因学生专业的不同而产生变化。

（2）多元性。通识类课程的内容应该丰富、全面，既符合基础性原则，又符合多元化原则，既能培养学生的基本素养，还能拓宽学生的视野，促进学生个性的发展，形成多元化人格与精神。

（3）整合性。通识类课程需要对不同领域的知识进行整合，设计出普遍适用于不同专业学生发展需求的课程，丰富学生的知识，启发学生的心智。

（4）创新性。通识类课程具有创新性，这是由其本身的性质决定的，通识类课程设置的目的就是打破学科之间的界限，使学生的知识结构不被禁锢在单一的专业领域，在丰富学生知识的同时拓展其思维，使学生能够从不同的角度观察问题，用新的思路解决问题。

具体到跨境电子商务课程体系来看，通识类课程的主要内容包括高等教育阶段的必修公共课，如思想政治教育、大学英语、计算机技术、体育等，以及跨境电子商务人才培养所需开设的其他课程，如心理学、社会学、文化学等。通识类课程的设置需要以先进的教学理念为指导，符合行业对于人才素质结构的需求，符合学生成长与发展的需求。

跨境电子商务高素质人才需要掌握大量的知识，具有全面的素质，才能在跨地域、跨文化的商业贸易交流中充分发挥自身的能力，为跨境电子商务的发展贡献更多的力量。

（二）完善实践训练课程体系内容

实践性是跨境电子商务专业突出的特性，因此，跨境电子商务专业课程的内容要突出实践性的特点，高校需要不断完善跨境电子商务实践训练课程体系的内容。

1.课程教学内容突出实践性

高校跨境电子商务人才培养的目标是培养高素质应用型人才，因此，在课程内容的设置当中，应该突出知识的实践性与应用性。比如，跨境电子商务人才需要具备跨语言交流能力，因此，跨境电子商务教学需要培养和提升学生的外语能力，外语相关课程也成为跨境电子商务课程体系的重要组成部分。但是，跨境电子商务专业的外语课程与外语专业的教学模式和教学方法之间还是存在较大差异的。与外语专业重视语言学理论知识的教学思路不同，跨境电子商务专业可以开设商务英语课程，注重对学生商务英语运用能力的培养和提升，课程的教学目标是提升学生的外语沟通能力，教学内容突出商务性与实用性，教学方法突出实践性，注重对学生外语运用能力的训练，从而更好地服务于跨境电子商务活动。

实操技能教学内容是跨境电子商务课程内容的重要组成部分，因此，不仅仅是商务英语课程，跨境电子商务课程体系中的多门课程都注重对于学生实操技能的培养，如营销策划能力、数据分析能力、视觉设计能力、物流管理能力等。完善跨境电子商务实践训练课程体系，需要在课程教学内容中体现跨境电子商务专业实践性与技能性的特点，明确人才培养的方向，这是培养跨境电子商务高素质应用型人才的重要前提。

2. 校企合作开展实践训练课程

高校跨境电子商务人才培养需要贯彻产教融合人才培养理念，校企合作是重要的教学组织模式。在校企合作中，企业成为人才培养的主体，需要深入参与人才培养的整个过程，从人才培养方案的制定到课程体系的构建，再到具体的教学实践，都需要企业与学校共同完成。

在校企合作中，为了发挥出更好的人才培养效果，企业与学校需要充分发挥自身的教育资源优势组织开展人才培养活动。课程体系构建是人才培养的重中之重，也是教学活动开展的重要前提条件，高校跨境电子商务课程体系的构建需要学校与企业合作完成，双方根据行业发展需求与学生发展需要规划课程内容，企业需要为实践训练课程提供硬件支持，并组织资深从业人员开展实践教学，帮助学生在实践中深化对于理论知识的理解，同时，将在实践中遇到的问题带回课堂，与师生共同研讨。

第三节　高校跨境电子商务课程评价体系的构建

一、高校跨境电子商务课程评价体系构建的原则

高校跨境电子商务课程评价体系的构建是一个系统工程，涉及大量的评价内容，涵盖课程体系的各个方面。课程评价体系的构建需要遵循以下原

则，具体内容如图 5-4 所示。

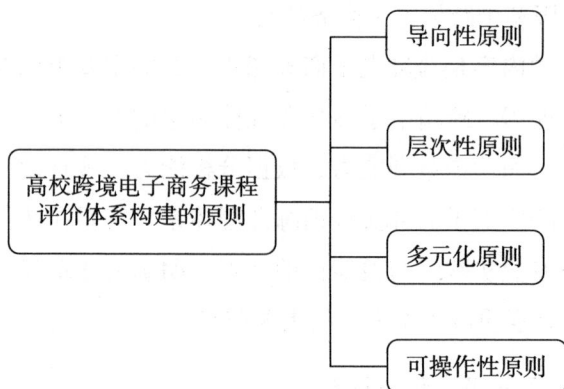

图 5-4　高校跨境电子商务课程评价体系构建的原则

（一）导向性原则

高校跨境电子商务课程评价体系应该突出反映跨境电子商务专业的实践性与应用性特征，课程应该以就业为导向，以能力为本位，因此，课程评价体系的构建也应该重视就业导向与能力本位这两项标准，建立以就业为导向的课程质量评价体系，强调课程内容对学生能力的促进作用。跨境电子商务课程评价体系应该从重视学习结果的"终结性评价"向重视学习过程的"形成性评价"与"终结性评价"并重转变，注重对学生综合职业能力的考核，注重对课程内容全面性、科学性、实践性的考查。

课程评价体系除了自身具有就业导向性之外，由于其最终的评价结果涉及课程设置与课程内容的调整，因此，其对于课程体系的构建与课程内容的选择同样具有重要的导向作用，这就要求课程评价体系应尽可能多地覆盖多种相关能力要素，并将课程质量评价与行业职业资格挂钩，使课程内容能够充分反映行业对于人才知识与技能结构的需求。

（二）层次性原则

高校跨境电子商务课程评价体系的构建应该体现层次性原则，包括对学生学业成就的评价、对于学校课程体系的评价以及对于具体专业课程的评价三个层面。课程评价体系的构建是一个系统的工程，评价对象涉及课程体系构建和实施的各个环节，因此，课程评价体系应该是一个层次分明的系统。

在高校跨境电子商务课程评价实践中，课程评价的重点往往放在了相对容易操作的学生学业成就评价与专业课程评价这两个层面，对于课程体系的评价还存在一定的提升空间，这就导致课程评价的内容集中在具体的课程教学领域，课程评价体系缺乏明确的层次性，造成课程评价体系不能很好地反映人才培养的质量与水平的情况。

课程评价体系的层次性原则要求，在构建高校跨境电子商务课程评价体系的过程中，应该以课程评价对象之间的关系为基础，充分发挥课程评价体系各子系统的作用，构建层次明确、分工合理、相辅相成的层次性课程评价体系。

（三）多元化原则

多元化原则是跨境电子商务课程评价体系构建的重要原则之一，主要体现在两个方面，分别是评价标准的多元化与评价主体的多元化。

首先，高校跨境电子商务课程评价标准不应是单一的，而应该遵循多元化的原则，这是由价值观的多元化、教育理念的多元化、高等教育自身的多元化以及行业对于人才需求的多元化共同决定的。课程评价不能仅仅关注学生对具体知识的掌握，还应该重视对学生专业能力、综合素质以及情感态度等方面的评定。

在多元化课程评价体系之中，评价者不再以一元的认知标准来对课程状况进行分析，而是将学生的知识、能力和素质培养共同作为课程评价体系的基本指标。多元化原则要求课程评价体系需要以学生为本，以促进学生全面发展为核心，重视学生个性化发展。

其次，个性化原则还体现在评价主体的多元化方面。在传统的评价体系中，教育者一般是评价的主体，但随着时代与教育的发展，人们越来越深刻地认识到，学生是教学活动的主体，人才培养只有坚持以学生为主体，才能达到理想的教育目标。在高校跨境电子商务人才培养中，学生作为教学活动的主体和心智成熟的个体，具备对课程的认识与评价能力，且学生对于课程的评价，能够更加直观地反映课程内容与课程设置的科学与否。

在产教融合人才培养理念的指导下，校企协同育人是高校跨境电子商务人才培养的重要形式，企业既是知识与人才的需求者，也是人才培养的主体，校企协同育人要求企业深入参与人才培养的整个流程，企业不但需要与学校共同制定人才培养方案、构建课程体系、确定培养模式，还要与学校共同组织开展人才培养。在这一过程中，企业不但是课程开发的主体，也应该成为课程评价的主体。企业对于课程体系的评价更能体现行业对于人才培养的需求，能够帮助学校不断调整和优化课程结构，使课程的设置更加符合社会对人才的需求。

（四）可操作性原则

可操作性是跨境电子商务课程评价体系构建的重要原则，合理的课程评价体系不仅要能对课程质量进行科学的评价，还需要具有较强的可操作性。高校跨境电子商务课程评价体系的可操作性原则主要体现在以下两个方面。

1. 简易性

在构建高校跨境电子商务课程评价体系时，要在保证评价项目完整性的同时，注重评价体系的简化与明确，控制评价指标的数量，剔除无关紧要的评价内容，避免出现评价指标冗余的现象。构建课程评价体系应该使评价目标与评价项目具有较好的一致性，实现评价项目与评价目标的良好融合。这一目标的实现依靠的不是冗杂的评价指标，而是能够准确反映课程体系质量的精简且明确的指标。因此，在构建高校跨境电子商务课程评价体系时要注重评价指标的简易性，使课程既能准确反映课程体系的质量，又简单易行。

2. 可测性

高校跨境电子商务课程评价体系构建的可操作性原则还体现在评价项目和评价标准的可测性上。在分析方法上，课程体系评价项目的分析方法主要是定性分析与定量分析。在定性分析层面，要对评价项目与标准的内涵、等级与层次进行明确划分，不能使用模糊的语言，要提高评价结论的区分度。在定量分析层面，要使评价项目与标准尽量准确、客观、可测量，要选取科学的数据分析模型对评价指标进行计算与分析，提升评价结果的科学性。

简易性与可测性使课程评价指标具有较强的可操作性，能够直观地反映课程体系的质量，为高校进一步优化课程体系提供科学的参考。

二、高校跨境电子商务课程评价体系的主要内容

高校跨境电子商务课程评价体系的构建要全面考虑课程设置与安排的方方面面，从课程构建目标到课程结构，再到课程的实施，都需要明确评价的指标，为课程体系的优化提供全面、科学的指导。高校跨境电子商务课程评价体系构建的主要内容如图 5-5 所示。

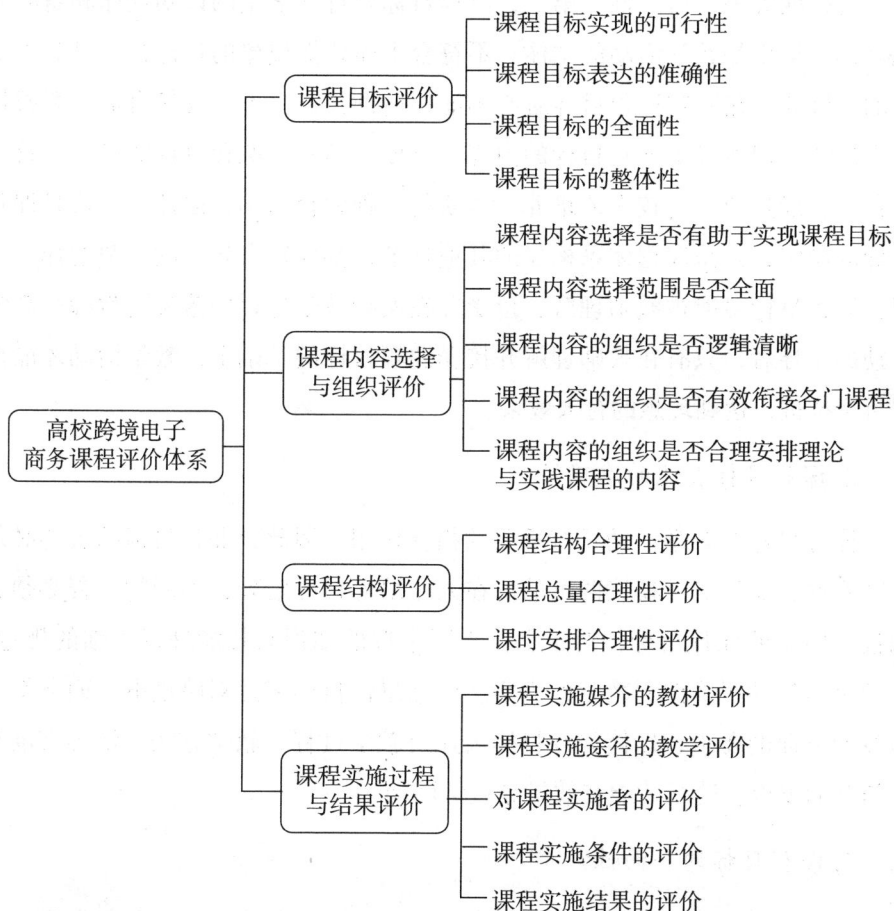

图 5-5 高校跨境电子商务课程评价体系

（一）课程目标评价

1. 课程目标实现的可行性

课程目标对于课程体系的构建与课程教学具有直接影响，因此，构建跨境电子商务课程评价体系首先要对课程目标进行评价。可行性评价对课程目标的制定来说十分重要，只有可行的课程目标才具有实行价值，才能对课程体系的构建以及课程教学活动起到指导作用。

课程目标的可行性主要体现在四个方面：第一，课程目标要符合客观基础，即符合学校的教学条件、区域发展实践以及行业对人才的需求，等等，否则就失去了可行性。第二，课程目标要符合学生的认知规律和身心发展规律，学生是教学活动的主体，不符合主体认知规律的目标自然是难以实现的。因此，在制定课程目标时既不能揠苗助长，也不能放任自流，要根据学生的认知规律设置课程目标的内容与难度。第三，课程目标的设定要符合教育的一般规律，高校人才培养的本质是一种教育活动，因此，无论是课程目标的制定，还是课程体系构建的其他环节，都要符合教育的一般规律。第四，课程目标要能被教师理解、接受并在实际教学过程中落实。教师是教学活动的主导者，只有在教师理解并接受课程目标的基础上，教学活动才能按照目标推进，达到理想的育人效果。

2. 课程目标表述的准确性

课程目标对教学活动具有重要的指导作用，因此，课程目标的表述必须是准确的，而不能是模棱两可的。在人才培养目标之外，不同的课程必须分别设立明确的课程目标，对于学生需要掌握的知识与技能进行详细的规定，使学生与教师明确课程教学的内容。以结果性目标表述对跨境电子商务知识与技能方面的要求，以体验性目标表述对教学过程、教学方法、情感态度与价值观的要求，这样才能有效指导教学活动。

3. 课程目标的全面性

课程目标的制定需要具有全面性。首先，对于课程目标本身来说，课程目标的制定既需要符合行业发展的需求，还需要符合学生成长与发展的需求。这是课程目标评价的重要内容，课程目标是课程教学的目的之所在，人才的知识与技能结构是按照课程目标进行构建的，因此课程目标对于学生的成长与发展十分重要。跨境电子商务专业以行业需求为导向进行人才培养，因此，课程目标必须符合跨境电子商务行业对于人才的需求，这样才能为行业发展提供所需的人才，也有利于学生的就业与发展。

其次，从学生个体发展的角度来看，课程目标不仅要关注学生知识与技能的学习，还要重视学生综合素质的提升，要把学生的情感、态度、价值观、个性发展、创新能力、沟通交流能力、团队协作能力等因素纳入课程目标制定的依据中，保证在课程目标的指导下，学生的综合素质能够显著提升。

4.课程目标的整体性

整体性指的是不同课程目标之间应该具有内在的逻辑联系，而不是彼此孤立的。课程体系是一个统一的整体，尽管不同的课程在教学内容与教学模式上存在差异，但是这些课程都是为了服务于同一个专业人才培养方案而存在的，课程之间存在着内在的逻辑联系，因此，不同的课程目标之间也应该具有内在的逻辑联系，服务于人才培养的整体目标。

（二）课程内容选择与组织评价

1.对课程内容选择的评价

课程内容的选择直接关系到学生知识与技能体系的构建，因此，对课程内容选择的评价是跨境电子商务课程评价体系构建的重要环节。对课程内容选择的评价主要从以下两方面进行。

（1）所选择的课程内容是否有助于实现课程目标。课程目标是课程教学的指导，课程内容必须符合课程目标。跨境电子商务所包含的内容十分丰富，涉及的学科十分广泛，跨境电子商务的课程内容需要经过教育者的选择和提炼，而这一过程必须以实现跨境电子商务课程目标为前提。

（2）评价课程内容选择范围是否全面。课程内容需要能够全面覆盖学生专业发展中所需要掌握的各种知识与技能，跨境电子商务涉及的知识领域较多，每个领域的知识具有各自的特点，适用的教学模式各有不同，达成课程目标的侧重点也有所不同，课程内容的选择对课程目标的支持程度是课程目标得以实现的关键因素。此外，较为全面的课程内容可以帮助学生构建相对丰富的知识体系，使学生未来发展有更多选择的空间。

2. 对课程内容组织的评价

课程内容组织评价关注的是教育者是否对课程的基本要素进行了妥善安排，课程的组织是否体现了课程体系的统整性和课程之间的衔接性。

在教学实践中，从课程内容的角度审视课程体系的构建，课程内容的选择只是其中的一个方面，课程内容的组织同样十分重要。如果没有科学、合理地组织课程内容，那么课程内容将会杂乱无章，不同的课程内容之间缺乏逻辑联系，不利于教学活动的开展，因此，高校应该重视对于课程内容的组织效果的评价。

跨境电子商务涉及大量交叉学科的学习，因此，其课程内容的组织更为重要。具体到跨境电子商务课程内容组织评价当中，评价的内容应该包括以下几个方面。

（1）课程内容的组织是否有利于学生将获得的知识由琐碎的细节构建为一个具有清晰内在逻辑关系的知识体系。

（2）课程内容的组织能否使不同课程内容之间形成有效的衔接，进而使学生能够对知识有一个整体、系统的把握。跨境电子商务涉及的知识类型丰富多样，在课程内容组织的过程中，要重视不同知识之间的联系与衔接，便于学生理解和掌握。

（3）课程内容能否将理论课程与实践课程有机结合在一起。对于跨境电子商务人才培养来说，理论与实践的结合十分重要，因此，跨境电子商务课程内容的组织要合理安排理论课程与实践课程的内容，使两者有机结合，形成模块化教学体系。

（三）课程结构评价

1. 课程结构合理性评价

对于课程结构的评价主要关注各类课程之间比例的科学性。课程结构反映的是学生需要具备的知识与技能结构，因此，课程结构是否合理将直接影响学生的知识与技能结构是否符合行业对于人才的需求。对于跨境电子商务专业课程设置来说，课程结构合理性评价主要是需要判断理论课程与实践课程、专业课程与通识类课程之间比例的科学性。

2. 课时安排合理性评价

对于课程结构的评价，除了评价不同课程比例之间的合理性之外，还需要对课时安排的合理性进行评价。对于课时安排合理性的评价主要集中在以下两点。

（1）对于课时总量合理性的评价。在课时安排中，课时总量的合理性是最为重要的。课时总量倘若不合理，课程结构的合理性也将无从谈起。在高校跨境电子商务课程教学中，课时总量合理性主要体现在显性课程的课时总量安排上。高校首先需要保证显性课程拥有足够的课时，为学生知识与技能体系的构建提供足够的课时支持。其次，还需要合理安排学生参加隐性课程的时间，使学生能够通过隐性课程拓展思路，为学生的个性化发展提供支持。

（2）对于具体科目课时安排合理性的评价。在高校跨境电子商务人才培养中，不同的课程在内容总量与教学目标上都是不同的，不同科目所需的课时也有所不同，与此同时，跨境电子商务行业对于人才需求的变化也会影响具体科目课时的安排。因此，在对具体科目课时安排的合理性进行评价时，要重点关注其是否符合行业对于人才素质的需求以及不同科目教学对于课时的需求。

（四）课程实施过程与结果评价

1. 对课程实施过程的评价

理想人才培养目标的实现，不仅需要课程结构具有合理性，还需要有科学的课程实施过程。因此，对于课程实施过程的评价是跨境电子商务课程评价体系的重要组成部分。跨境电子商务课程实施过程的评价主要集中在以下几个方面。

（1）对课程实施媒介教材的评价。教材是知识的载体，是教师开展教学活动最重要的辅助工具，教材直接体现着教学内容，影响着教学方法，在教学过程中扮演着十分重要的角色。对于教材的评价，既要评价教材的逻辑性、科学性、价值性，还要评价教材的内容与逻辑是否符合学科教学的规律，是否符合学生的身心发展规律，是否符合学生的认知规律以及与其他学科内容之间的协调程度。

（2）对课程实施途径的教学评价。对于课程实施途径的教学评价是课程实施过程评价的主体部分，主要集中在对于教学方式的评价，教师对于教材内容的处理是否得当，教师选取的教学方法是否有利于学生对于知识的掌握和理解，教师能否根据不同课程的特点灵活选取合适的教学方法，在教学过程中教师是否帮助学生切实完善了知识与技能结构等。

（3）对课程实施者的评价。对课程实施者的评价一般是指对教师的评价。在跨境电子商务人才培养的过程中，课程实施者还包括在实践训练中担任教育者角色的资深行业从业人员。对于课程实施者的评价主要包括：一是要考查教师是否具备跨境电子商务教学的素质和能力，包括职业道德、教育理念、专业知识结构、综合知识素养、沟通能力、教材驾驭和开发能力、教学设计能力、教学监控能力以及学术研究能力等；二是要考查教师的实践技能水平。跨境电子商务涉及大量的实践性教学内容，这就要求教师应该具备一定的实践经验与实践能力，这样才能承担起实践教学的重任。

（4）对课程实施条件的评价。课程实施条件对课程实施结果具有重要的影响，一切教学活动都离不开相关硬件设施与保障措施的支持，因此，对课程实施条件的评价也是课程实施过程评价的重要组成部分。由于跨境电子商务专业具有较强的实践性，因此，实践训练场所与设施对于跨境电子商务教学来说具有十分重要的影响。同时，由于跨境电子商务专业属于一门年轻的专业，发展历程较短，因此，政府与行业对于人才培养的政策与资金支持也十分关键。对跨境电子商务课程实施条件的评价主要包括以上这些人才培养的硬件与软件支持内容。

2. 对课程实施结果的评价

课程实施结果评价是课程评价体系的最终环节，也是课程评价最为重要的环节之一。课程实施结果评价是对整个课程教学过程的总结性评价，其主要作用是通过总结和评价课程教学成果，发现课程教学过程中的优点与不足，进而为课程体系的优化提供指导。因此，课程实施结果评价对于课程体系的构建与课程教学过程具有重要的影响。

跨境电子商务人才培养的目的是促进学生的全面发展，为行业发展提供高素质应用型人才，进而促进区域经济的发展。因此，对于跨境电子商务课程实施结果的评价不应仅仅局限于学生对于具体知识的掌握，还应该重视对学生综合素质与实践能力的考查，将其作为课程实施结果评价的重要因素，构建符合行业人才需求与学生发展需求的课程实施结果评价体系。

第六章　深化高校跨境电子商务产教融合

第一节　产教融合概述

一、产教融合的概念及内涵

（一）产教融合的概念

产教融合既是一种教育理念，也是一种办学模式，相比其他较为成熟的教育学理论，其提出时间相对较短，学界对于其概念的界定也存在许多不同的观点。作为一种人才培养方式，自1949年以来，国家就十分重视将劳动、生产活动与教育相结合。作为一种具体的人才培养理念，其提出的时间则相对较晚，是在高校人才培养实践中逐渐总结形成的。

产教融合最早是由高等职业院校根据其人才培养特点提出的构想，这种构想由于符合职业人才培养的需求，受到国家和社会的普遍重视，并作为一种人才培养理念被纳入教育改革和发展之中。从产教融合的字面意思出发，从人才培养过程上来看，指的是生产活动与教育活动的融合；从人才培养主体的角度来看，指的就是学校与企业之间的充分合作。

近年来，国内产教融合的研究日益增多，特别是在2017年之后，相关主题的发文量呈现爆发式增长。学者对于产教融合的研究主要集中在几个方面：关于产教融合模式的研究、关于产教融合人才培养模式的研究、关于产教融合制度保障的研究以及关于产教融合动力机制的研究。学者通过对产教融合各环节以及组成要素的研究，从不同角度对产教融合的概念进行了剖析。

虽然学术界对产教融合的概念没有较为统一的观点，但是可以根据产教融合的发展历程与具体内容对其概念有一个总体的认知，即产教融合就是将教育与实践充分结合，通过学校与企业之间的深入合作，培养高素质技能型人才，实现学生、学校与企业共同发展的一种人才培养模式。

在产教融合的概念中，有几个重点需要关注。第一，产教融合的本质是一种人才培养模式，也是一种人才培养理念，而不是具体的教学方法。第二，产教融合的核心是学校教学与企业生产的有机结合，是一种建立在校企充分合作之上的人才培养模式。第三，产教融合强调对学生实践技能的培养和提升，这并不是说产教融合不重视理论知识的教学，而是强调理论知识教学与实践技能培养的充分结合。产教融合作为一种人才培养模式，与传统教育模式最为显著的区别之一就是对于实践的重视。其四，产教融合的目的不仅仅是促进学生的发展，还期望学校与企业也能通过产教融合实现自身的发展，使得学校能够优化教学模式，提升办学水平，企业可以获得智力资源与人才资源，优化生产结构，创新生产模式，提升市场竞争力。

（二）产教融合的内涵

产教融合从提出到被人们普遍接受，经历了一个从无到有、从模糊到具体的过程，这符合事物发展的一般规律，也符合教育理念从萌芽到成熟的发展规律。产教融合具有丰富的内涵，有许多具体的表现形式，包括产学研一体化发展以及一系列校企合作形式。

总体来看，产教融合的人才培养主体有两个，分别是学校与企业。学校与企业可以通过产学研一体化以及校企合作实现人才培养目标，进而实现双方的共同发展。这种双主体育人的人才培养模式，在技能型人才培养方面具有得天独厚的优势。学校因为受制于硬件条件，难以为学生的实践技能训练提供足够的支持，这也导致了传统教育模式中技能型人才培养的两极分化。有的学校重视理论知识的教学，忽视实践技能的训练，将教学活动局限于课堂，学生的实操水平无法得到有效提升。还有的学校则强调实践技能的训练，忽视理论知识的教学，将教育资源过多投入实操技能的教学之中。学生在理论基础薄弱的情况下无法掌握具体的技能，不利于专业素养的提升以及未来的发展。产教融合重视理论与实践的充分结合，使企业成为育人的主体，能够极大增强学生实践能力的培养效果，同时，强调学生对专业理论知识的扎实掌握，也体现出高校对于学生专业素养全面发展的重视。因此，产教融合十分契合当代教育的发展，特别是职业教育。

在传统的职业教育体系中，也十分重视学校与企业之间的合作，学校在人才培养的过程中会借助企业的力量，通过与企业签订相关的合作协议，为学生提供实践机会与实习场所。这种传统的校企合作方式与产教融合在培养理念与培养方式上具有一定的相似性，但仍有着显著的区别。这种区别主要表现在校企合作的深度上。

传统的校企合作一般是校企双方在具体的发展环节上展开合作，比如，在传统的技能型人才培养中，学校与企业在学生实习方面的合作较多。学生在实习期间会进入相应的企业生产部门展开实习，以锻炼和提升自身的实操能力，这是一种具体环节的合作。

产教融合则是要求学校与企业之间形成全面、良好、稳定、持久、深层次的合作关系。通过产教深度融合，在提升人才培养效果的同时，提升学校的办学水平，并帮助企业实现更好的发展。产教融合理念下的校企合作是一个完整的校企协同育人系统，系统中的各组成要素紧密联系，形成利益共同体，系统的发展是各要素密切合作的成果，同时，系统的发展也能进一步促进各要素的发展。

产教融合对于学生、学校和企业三者的发展大有裨益，是一种多方共赢的机制。对于学生来说，产教融合可以帮助学生在学习理论知识的同时提升实践能力，实现更加全面的发展，也为以后的就业提供了良好的保障。对于学校来说，产教融合创新了学校的教学模式，将理论与实践充分结合，帮助学校提升了人才培养的水平。对于企业来说，产教融合为企业提供了专业对口，且具备一定实践经验的高素质人才。企业与学校之间的深入合作，还能保证人才供应的持久性，有利于企业的进一步发展。

在产教融合的教育体系中，涉及大量的岗位实习与实践技能训练，这不同于传统的实习模式，而是经过校企双方的综合研究和专门设计，具有很强的针对性，且与在校所学的理论知识融会贯通，同步开展，符合学生发展的需求以及社会对于人才的需求，使学生能将所学知识充分运用到实践当中，并通过实践深化对理论知识的理解。

深度的产教融合不仅仅是学校与企业之间展开合作，有条件的学校甚至可以自己创办企业，以学校为主导，以学生为主体，将理论教学与实践训练充分结合，生产活动与教育活动协同发展。企业能够为学校提供大量有针对性的实践岗位，还能为学校提供资金支持；学校则可以凭借自身的教育资源优势，为企业提供大量有较高专业素质的人才；学生可以在实践过程中切身参与生产实践，工读结合，在提升自我、创造价值的同时获得报酬。

二、产教融合相关理论

（一）马克思主义的两种生产理论

马克思主义的两种生产理论中的两种生产指的是构成人类社会存在和发展基础的物质资料生产和人类自身生产。人类进行物质资料生产是为了不断取得自身生存所必需的生活资料；人类自身的生产是为了维持自身的生存和繁殖，实现人类自身的延续和更新。

首先，产教融合是一种人才培养的模式，其本质是教育活动，因此具有一般教育活动所具有的"人的智力培育与再生产"功能。产教融合广泛应用于职业教育中，能够直接通过培养和提升劳动者的专业素质来直接服务于第一种生产活动，即物质资料的生产。其次，产教融合的人才培养模式对人类自身生产同样具有重要的促进意义。产教融合人才培养可以在人的社会关系的建设和再生产中发挥重要的作用。因为人的生产活动不是独自完成的，而是通过与其他主体之间的密切配合完成的，广泛应用于职业教育当中的产教融合正是要建立这种人与人之间合作的职业关系，且横跨教育与生产两个领域，因此其既具备一般教育活动的属性和作用，同时具备支持生活资料生产与社会关系生产的独特作用，是符合马克思主义两种生产观点的优秀人才培养理论成果。

（二）黄炎培的大职业教育主义

中国近代职业教育的创始人黄炎培将毕生精力奉献给了中国职业教育，其教育思想对中国职业教育的发展具有重要的指导意义和促进作用。黄炎培对中国当时的教育实际进行了充分的调研，并对国外教育进行了考察，在此基础上探寻到了中国教育发展的出路，即加强切合人们生产生活实际的职业教育。

黄炎培不仅大力提倡开展职业教育，同时不断探索职业教育人才培养的模式。他在 1926 年提出了大职业教育主义的办学方针，认为职业教育的发展不能局限于教育活动本身，要将职业人才培养、教育活动与农工商职业等充分结合在一起，共同开展人才的培养，这就是大职业教育的基本内涵。

黄炎培"大职业教育"的思想对于我国职业教育人才培养模式的形成与发展具有重要的意义，该理论不再将人才培养的主体具体到学校和工厂，而是强调多主体共同参与，使人才在学中做、在做中学，使自身的知识与技能体系更加贴合实践发展的需要。由此可见，在这一时期我国职业教育产教融合的思想就已经开始形成。

（三）陶行知的教学做合一理论

我国近代著名的教育家、思想家陶行知，毕生致力于教育事业，不仅创立了完整的教育理论体系，而且进行了大量教育实践。陶行知反对以"四书五经"为主要教学内容的儒家传统文化教育，主张使教育服务于民生，主张使职业教育成为公民的一项普惠性权利，并将改造社会、改造生活与发展职业教育充分结合起来。

职业教育需要贴近人们的生产生活，受教育者需要在生活中接受教育，并将教育的成果应用于生活中，而不是脱离生活与具体的社会实践去谈教育。职业教育是一种源于生活、为了生活的教育，因此制定职业教育的人才培养目标需要从生产生活的实际需要出发。职业教育的人才培养过程对生产活动有较强的依赖性，反过来职业教育又能够为社会生产活动提供大量的高素质人才，促进生产，不断改善生活状况。

陶行知认为，职业教育必须与生活教育紧密结合在一起。他在充分研究国内外教育实践的基础上提出了三大教育理论，即"生活即教育""社会即学校"以及"教学做合一"的教育理论。其中，"教学做合一"对于旧教育模式中的不足之处进行了深刻批判，为教育的发展提出了具体的路径与措施。在该理论中，陶行知认为"做"是核心，主张在做上教，做上学，即从教师的角度来说，做便是教，从学生的角度来说，做便是学，教、学、做三者在人才培养中应该是相互促进、相互融合、浑然一体的。

陶行知的教学做合一理论，对我国职业教育的发展具有重要的指导意义，其对于"做"的重视，体现了产教融合的思想。当前，我国强调不断深化产教融合，目的正是培养和提升学生的实践能力，避免培养出来的学生只会纸上谈兵，而缺乏实践操作能力。

三、产教融合的基本特征

产教融合是一种深层次的校企协同育人理念，无论从合作广度还是从合作深度上来看，与传统的校企合作相比都有很大的进步，产教融合的基本特征如图6-1所示。

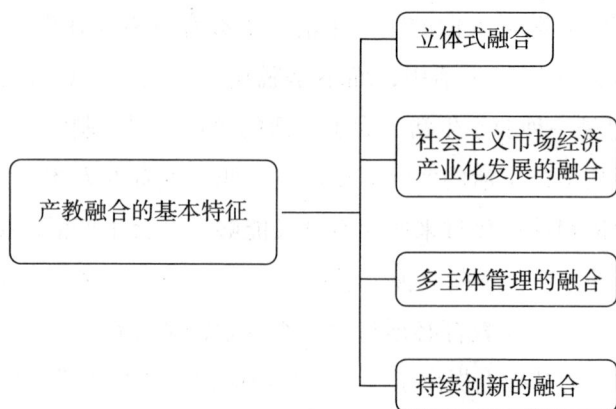

图 6-1　产教融合的基本特征

（一）立体式融合

从组织形态和融合层次上来看，产教融合是一种立体式融合。立体式融合与平面式融合相对应，平面式融合指的是校企双方作为两个相对独立的个体，在具体的项目或环节展开合作，双方各取所需，并无过多的交集，是一种层次较浅的合作模式。比如，在传统的校企合作之中，学生实习就是校企之间平面式融合的典型例子，学校与企业签订相关实习培养协议，学生在结束学校的理论知识学习后，会进入企业中实习。在这一过程中，企业仅仅是为学生提供实习场所，除此之外，校企之间并无深入合作。

作为立体式融合方式，产教融合是一种更高层次的学校与企业之间深入合作的发展模式。从合作的领域来看，产教融合涉及的合作领域非常广泛，是一种学校与企业之间的全面合作。不仅包括校企共同组织和开展人才培养工作，还包括校企双方在科研创新、教师培训、信息共享等方面的合作。

从合作的深度来看，校企双方从产、学、研三方面进行全面、深入的合作，这种深层次的校企合作组织自身同时具备教育、科研与生产的功能。首先，作为人才培养的主体，学校与企业充分发挥自身的教育资源优势，将理论教学与实践训练充分结合，提升人才的培养质量。其次，作为生产的主体，学校可以通过系统的人才培养为生产活动提供源源不断的高素质技能型人才，为企业创造更多的经济效益。最后，校企合作组织还具备科研创新的能力，为生产活动提供源源不断的智力支持，促进生产结构的优化升级。

在产教融合中，校企双方通过深入合作，不仅构成了发展共同体，还形成了利益共同体，这种利益共同体是校企双方开展良好合作的基础。只有具备了共同的利益，校企双方才能有共同的发展目标。虽然企业与学校的价值取向存在一定的差异，但是双方可以探寻利益的契合点，并以此为基础，构建出相对完整的校企合作体系。比如，人才培养就是校企双方利益的契合点，企业的发展需要高素质的从业人员，而高校的教育目标就是培养出高素质的人才。校企双方充分合作，共同组织开展人才培养活动，既能为企业的发展提供人才保障，还能提升学生的就业率，提高学校的办学水平。再如，企业的发展需要理论与技术创新成果的支持，学校作为科研的主体，需要大量的实践案例与技术支撑。企业可以为学校提供信息、案例与技术，提升学校的科研水平，学校则可以生产出优秀的科研成果，为企业发展注入新的活力。企业与学校通过产教融合形成利益共同体，可以实现相互融合、相互促进、共同发展。

产教融合深入发展后形成的校企融合组织，使产、学、研三者有机融为一体，形成一个良性的循环发展体系，在促进自身不断发展的同时，还能起到一定的向外辐射作用，发挥更大的社会作用。

（二）社会主义市场经济产业化发展的融合

社会主义市场经济产业化发展指的是在社会主义市场经济背景下，某种产业以市场经济发展的需求为导向，以实现经济效益为发展目标，通过相关专业服务与产教融合的高水平管理，形成的组织结构与生产经营方式。在产教融合中，校企合作涉及的合作项目非常多，对于其中符合社会主义市场经济发展需求的项目应该大力倡导；对于不符合市场需求的项目应该及时淘汰，保证产教融合的高质量发展。

产教融合的目的是为社会主义市场经济建设提供高素质的人才，因此，人才的培养必须符合社会主义市场经济产业化发展的需求。社会主义市场经济产业化发展要求产教融合的组织方式应该面向市场需求，做到产、学、研三方面协同发展，在充分观察和分析市场发展规律的同时，根据市场需求制订学生培养的计划，规划课程教育体系，根据社会主义市场经济的发展指向培养人才。

当今时代，产业发展日新月异，特别是新兴产业，其内容与发展模式都随着时代的发展不断丰富、变化。这就要求产教融合需要根据社会主义市场经济产业化发展的实际情况开展人才培养工作，使人才的培养符合市场的需求，不滞后于产业的发展。

以跨境电子商务为例，作为信息技术与网络技术发展的产物，跨境电子商务产业自诞生伊始就展现出蓬勃的生机。随着网络技术的不断发展，跨境电子商务行业新业态不断涌现，从 B2B 跨境电子商务、B2C 跨境电子商务、C2C 跨境电子商务再到跨境电商 O2O 模式，从企业自营平台、独立销售平台、第三方服务平台再到代营平台。这就需要跨境电子商务产教融合人才培养要充分体现时代特征，根据跨境电子商务发展的不同方向开展人才培养活动。

与此同时，学校还应充分发挥科研优势，实现理论与技术创新，为企业生产的优化升级提供智力支持。另外，学校还应与企业共同开展市场调研与行业发展分析，根据市场研究情况确定或改变企业的发展战略，帮助企业根据市场指向进行生产活动，并源源不断地为企业提供适合不同岗位的高素质技能型人才。

综上所述，符合社会主义市场经济产业化发展的产教融合发展方式，可以使自身获得其他组织所不具备的竞争优势，在市场经济中脱颖而出，并带动当地经济的发展，使人才的培养符合社会主义市场经济发展的需求，使企业的发展符合社会主义市场经济产业化发展的方向。

（三）多主体管理的融合

产教融合既是一个产、学、研协同发展的过程，也是一个重新确立组织主体地位的过程，校企合作组织若想实现规范有序地运行，必须明确组织的主体与运行、管理机制。

产教融合的主体并不是固定不变的，而是根据实践的发展而不断进行着调整。在当前我国的社会主义市场经济发展中，产教融合的主体已经从学校逐渐转向企业与相关行业，这种转变体现了当前社会发展的趋势与教育发展的方向。在产教融合的实践中，企业不再仅仅发挥人才培养的辅助作用，而是成为人才培养的主体，深入参与人才培养的各个环节，包括人才培养计划的制订、人才培养模式的确立、实践技能训练、实习与就业等。企业应该树立主人翁意识和责任意识，明确自身在产教融合人才培养中的主体地位，承担起育人的责任。

成功的产教融合组织是以学校、企业、政府等相关主体之间的科学分工与共同管理为前提的。在实践中，各主体在开展任何活动之前都需要明确自身的权利与义务，从而使产教融合能够井然有序地开展。

（四）持续创新的融合

创新是引领发展的第一动力，产教融合的持续发展关键在于创新，无论在人才培养理念上，还是在人才培养模式上，都需要不断创新，才能实现突破与发展，才能更好地适应习近平新时代中国特色社会主义建设的需求。

产教融合本身就是创新的成果，在传统的人才培养模式中，学校是人才培养的绝对主体。产教融合将企业纳入人才培养的体系中来，使企业成为人才培养的主体，并重视理论知识教学与实践技能训练的有机结合，无论在人才培养主体还是在人才培养模式上，都充分体现了创新的理念。

产教融合的持续发展同样需要不断融合创新的理念。在技能型人才培养实践中，无论是教育的内容，还是教育的模式，都需要根据行业的发展实际进行调整，以保证人才培养的与时俱进。在跨境电子商务人才培养中，更需要重视创新的作用，因为跨境电子商务面向的是全球市场，且跨境电子商务的贸易形式发展迅速，因此，在人才培养过程中，无论是理论知识教学，还是实践技能的培养，都需要不断将新的发展理念与创新思维融入教学中，这样才能保证培养出的人才符合行业发展需求。

产教融合的形式也需要不断创新，这是保证这一人才培养模式永葆活力的关键。从厂校结合到产教结合，再到产教融合，从浅层次的校企合作逐步发展到深层次的校企合作，从校企在部分领域的合作到校企共同体的实践，产教融合的模式一直在不断变化发展，也正是诸多人才培养新理念的注入，才使产教融合的内涵不断得到丰富。

四、我国产教融合的发展历程

（一）厂校结合阶段

学校教育与生产实践相结合的育人理念，在近代就已经产生并获得了一定的发展，主要表现为厂校结合的办学模式。

造船业是当时中国发展工业的代表。1866 年，经左宗棠奏请，清政府在福州设立求是堂艺局，并在 1867 年改名为船政学堂。船政学堂是中国第一所近代海军学校，也是中国近代航海教育和海军教育的发源地。船政学堂的授课内容十分广泛，不仅教授造船、航海、地理、外语、机械、物理等知识，还教授具体的技艺，培养技工。船政学堂的学生不仅需要系统学习理论知识，还要在工厂中熟悉各种机械的构造细节与操作技巧，同时，学习具体技艺的学生需要在学习理论知识的同时不断磨炼技艺。船政学堂的授课模式已经有了理论教学与实践训练相结合的影子。

随着中国军事工业的发展，民用工业也随之迅速发展起来。工业的发展需要大量懂得机械操作的技术人员，因此依附于公司或企业的实业教育逐步兴起。实业教育对实业的依赖性较强，其人才培养注重具体操作技能的训练，这在一定程度上导致了理论知识教学的缺失，忽视了对普通知识的教学。至民国初期，职业学校开始逐渐脱离实业企业，自主开设工厂、实验室、农场等实践场所，使得人才培养体系更加科学、合理。

中华人民共和国成立后，行业、企业成为职业教育的主导力量。这一时期专科学校的教学内容和课程按照企业的发展需求来设置，学校专业课程的兼职教师则由企业主管部门指定的技术人员担任。1958 年，毛泽东同志起草的《工作方法十六条（草案）》指出："一切中等技术学校和技工学校，凡是可能的，一律试办工厂或者农场，进行生产，做到自给或者半自给。学生实行半工半读。"20世纪50年代至20世纪80年代中期，中国的职业学校广泛开展半工半读的人才培养模式，校办工厂在全国各地涌现。

（二）产教结合阶段

20世纪80年代中期以后，伴随着企业的改革，职业教育改革的步伐也逐渐加快。

1991年，《国务院关于大力发展职业技术教育的决定》指出："各类职业技术学校和培训中心，应根据教学需要和所具有的条件，积极发展校办产业，办好生产实习基地。提倡产教结合，工学结合。"此后，中央又颁布了一系列文件，进一步确立了中国职业教育产教结合、校企合作的办学模式。2002年，随着大部分行业院校交由地方政府管理，校企合作面临着新的发展形势，也迎来了新的发展契机。同年，《国务院关于大力推进职业教育改革与发展的决定》发布，鼓励企业积极参与职业教育，提倡多种形式的联合办学。

2004年后，为了进一步促进产教结合，提升校企合作的水平，国家又接连出台了一系列文件，目标更加明确，内容更加具体。2004年9月发布的《教育部等七部门关于进一步加强职业教育工作的若干意见》，明确提出建立行业职业教育咨询、协调机制。2005年10月发布的《国务院关于大力发展职业教育的决定》则提出促进职业教育教学与生产实践、技术推广、社会服务紧密结合的要求。2009年，教育部发布的《关于加快推进职业教育集团化办学的若干意见》则强调了职业教育集团化办学的重要意义，并提出应积极探索职业教育集团化办学的有效模式，加快推进职业教育资源的共建共享。

在政策的支持和引领下，我国职业教育校企合作不断发展，不仅在人才培养上取得了显著的成果，校企合作模式也不断得到丰富，校企合作逐渐深入，我国职业教育逐渐从产教结合向产教融合迈进。

（三）产教融合阶段

2010 年以来，推进和深化产教融合成为职业教育校企合作发展的主题。

2010 年 6 月，中国共产党中央委员会政治局审议并通过《国家中长期教育改革和发展规划纲要（2010—2020 年）》，强调了"双师型"教师培养的重要性，并要求职业院校与企业协调配合，探索教师培养的新方式，共同开展"双师型"教师的培养，同时给予职业院校更多的用人自主权，使其可以聘任社会上优秀的专业人才和技术人员担任专兼职教师。总而言之，国家鼓励学校与企业不断探索教师队伍建设的路径，为产教融合的发展提供高质量师资队伍的保障。

2013 年，党的十八届三中全会通过《关于全面深化改革若干重大问题的决定》，进一步明确了加强职业教育"双师型"教师队伍建设的重要性，强调"双师型"教师队伍的建设是产教融合发展的重中之重。

2014 年，国务院发布《关于加快发展现代职业教育的决定》，要求进一步深化产教融合，完善校企合作办学有关法规和激励政策，鼓励行业和企业举办或参与举办职业教育，并强调了企业在职业教育中的主体作用。

2015 年 7 月，教育部发布的《教育部关于深化职业教育教学改革全面提高人才培养质量的若干意见》为产教融合的具体形式和内容指明了方向，强调要继续深化校企协同育人，强化行业对教育教学的指导，推进专业教学紧贴技术进步和生产实际，有效开展实践性教学。

2016 年 12 月，中共中央印发《关于深化人才发展体制机制改革的意见》，提出要改进人才培养支持机制，创新人才教育培养模式，完善产学研用结合的协同育人模式，建立产教融合、校企合作的技术技能人才培养模式。在人才培养的主体上，提出要促进企业和职业院校成为技术技能型人才培养的"双主体"，开展校企联合培养试点。

2017 年 10 月 18 日，党的十九大报告指出要深化产教融合，我国的产教融合向着更高的发展层次不断迈进。2017 年 12 月，国务院办公厅印发《关于深化产教融合的若干意见》，要求促进教育链、人才链与产业链、创新链等"四链"有机衔接，强化企业的重要主体作用，推进产教融合人才培养改革，促进产教供需双向对接，完善政策支持体系，使产教融合成为推进人力资源供给侧结构性改革、新形势下全面提高教育质量的发力点。

2019年11月，教育部办公厅等十四部门联合印发《职业院校全面开展职业培训促进就业创业行动计划》，提出支持职业院校敞开校门，面向社会广泛开展培训，推动学历教育与培训相互融合、相互促进，加强部门之间统筹协同、产教之间融合联动，形成共同推进职业培训工作合力。强调职业院校和产业之间的互相融合，对产教融合的顶层设计更加明确、更加深入。

2020年，教育部等九部门印发《职业教育提质培优行动计划（2020—2023年）》，在职业教育提质培优行动计划的基本原则一部分，指出要深化产教融合、校企合作，强化工学结合、知行合一，健全德技并修育人机制，完善多元共治的质量保证机制，推进职业教育高质量发展。

随着我国产教融合实践的不断推进以及国家政策的支持，我国大量的高校与企业深入开展产教融合，不断探索产教融合的新模式，取得了显著的成果，培养出了大量高素质的技能型人才，为我国经济发展和社会建设提供了人才保障。

第二节　深化产教融合背景下校企协同育人

一、产教融合背景下校企合作概述

（一）校企合作的含义

作为产教融合人才培养理念重要实施路径的校企合作育人模式，其概念的界定相对比较清晰。世界合作教育协会于2001年明确阐释了校企合作的概念，认为校企合作是指在教学过程中，帮助学生将课堂上所学的知识与实际的工作实践充分结合在一起，通过校企充分合作，使学生将在学校习得的相关理论知识运用到实际工作当中，同时，将在工作中遇到的问题和挑战带回学校,促进学校教学的发展。世界合作教育协会对校企合作内涵的阐释表述得十分详细,对于校企合作开展的基本方式和目标指向也做出了说明,即学生通过校企合作往返于学校与企业之间进行知识与实践的整合。

随着国家对产教融合的重视程度不断提升,以及越来越多的学校以产教融合理念为指导,通过校企合作的方式进行专业人才的培养,我国学界关于校企合作的研究也不断增多。有学者认为,校企合作教育指的是以为社会培养合格的劳动者为目标,以提升高校教育的质量与劳动者的综合素质为指向,开展院校与相关企业之间的合作,将学生的理论知识与实践中的工作技能相结合,并最终推动社会经济的发展。这个定义对于校企合作内涵的描述更加清晰、明确,并进一步丰富了校企合作的内涵,明确了校企合作的目标。[1]

综合学界对于校企合作内涵的研究,不同研究者主要从校企合作的性质出发,剖析校企合作的本质与运行机制,主要观点有以下几种。

1. 模式说

所谓模式说,即将校企合作的本质定义为一种人才培养模式,认为校企合作是一种充分利用学校与企业的教育资源,将课堂知识教学与实践技能训练相结合的人才培养模式。

该理论认为,既然校企合作的本质是一种人才培养模式,就应该强调人才专业发展的重要性,重视校企合作的教育作用与具体合作形式的构建,其主要内容应该紧紧围绕人才培养这一核心目标展开。校企合作需要学校与企业之间展开全方位多领域的合作,包括资源合作、技术合作、科研合作、信息合作等。

在人才培养的过程中,要充分开发与运用学校与企业各自的资源优势,在学校中,使学生能够学习到丰富的专业理论基础知识,在企业中,使学生能够将课堂上所学的理论知识应用到实践中,通过实践训练提升自身的实操水平,深化对理论知识与实际工作的认知,将书本中的间接经验与实践中的

---

① 李德方. 省域职业教育校企合作研究:基于江苏实践的考察 [M]. 苏州:苏州大学出版社,2019:24-26.

直接经验充分结合，提高自身的专业素养。

校企合作在培养和提升人才专业素质的同时，对于学校与企业的发展也具有巨大的促进作用。对于学校来说，可以通过校企合作提升办学水平。首先，校企合作能够帮助学校丰富人才培养的方式，优化人才培养模式，提升人才培养的质量。其次，学校可以通过校企合作与企业联合进行教师培训，提升教师队伍的质量。对于企业来说，可以通过校企合作源源不断地获取高素质人才，为企业进一步的发展提供人才保障。

综上所述，模式说将校企合作看作一种人才培养模式，也是一种学校、企业和个人的联合发展模式，通过校企充分合作展开人才培养，最终实现学校、学生与企业的共赢。

2. 机制说

机制说认为校企合作的本质是一种以社会和市场发展需求为导向的运行机制，强调校企合作过程的运行方式以及其中各要素（学校、企业、学生、社会）之间的结构关系。

机制说认为校企合作是以提升学生的综合能力为重点，以培养符合市场与企业需求的应用型人才为目标，充分利用学校与企业的资源，采取课堂教学与工作培训相结合的教学方式，培养能够适应不同岗位的高素质应用型人才的教育模式。其中，企业是校企合作人才培养的主体，学校是人才培养的主导者，作为培养对象的学生以及学校与企业的教育资源则是连接学校与企业的纽带。机制说通过剖析校企合作中各要素之间的关系及其运行方式来阐释校企合作的内涵。

在校企合作的概念界定上，机制说与模式说有很多相似点，但是两种理论对校企合作的本质则存在较大的差异。与模式说将校企合作作为一种人才培养模式的看法不同，机制说认为校企合作是一种联通教育活动与生产活动的运行机制，强调对于校企合作的内容、目标、模式等进行明确的定义。机制说认为校企合作的基本内涵是产学合作，开展路径是工学结合，目标是提升学生的综合素质，为社会和企业的发展提供人才保障。

3. 中间组织说

中间组织说选择从功能的视角审视校企合作，将校企合作看成连接学校与企业的桥梁，是连接课堂教学与生产实践的纽带，是帮助学生从校园走向社会的重要路径。中间组织说认为校企合作的本质是一个介于学校与企业之间的组织。

与机制说不同的是，机制说强调校企合作自身在育人方面的功能性，而中间组织说则强调校企合作在整个育人体系结构中的作用。[①]

综上所述，校企合作指的是学校和企业以培养新时代发展所需的人才为目标，充分利用学校与企业的教育资源与教育环境，将课堂知识教学与生产实践训练相结合，深入展开合作，培养高素质技能型人才，进而推动社会经济发展的人才培养模式。

（二）校企合作的特征

与传统的人才培养方式不同，校企合作重视课堂教学与实践训练相结合的重要性，在实现人才培养目标的过程中，促使学校与企业深度融合，形成一个人才培养系统，通过充分发挥系统中各要素的功能，推动系统整体的发展。因此，相比传统教育方式，校企合作自身具有显著的特点（如图 6-2 所示）。

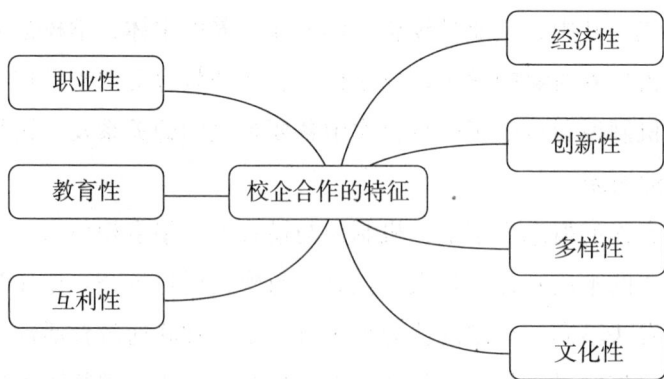

图 6-2　校企合作的特征

①　伍俊晖，刘芬.校企合作办学治理与创新研究 [M].长春：吉林大学出版社，2020：6-7.

1.职业性

校企合作在职业人才培养中最为常见，因为相比重视理论知识教学与科研的研究型人才培养来说，重视实践技能训练的职业人才培养更加适配于校企合作的人才培养模式。职业教育本身就是以培养符合社会和企业发展需求的实用型人才为目标的，职业教育的人才培养模式包括产学结合、工学结合以及产学研结合，具有较强的实践性与针对性，校企合作能够帮助学生将具体的理论运用到具体岗位的实践中，深化学生对理论知识的理解。

校企合作人才培养的主要形式是课堂教学与生产活动相结合，主要目标是培养高素质的专业型人才，因此，校企合作既强调实操技能的训练，也重视专业理论知识的教学。学生在具体的生产实践中能够更好地将理论与实践相结合，将所学知识切实运用到实际的工作情境中去，以此逐渐提升自身的职业素养和专业能力，平稳完成从校园到社会的过渡。

校企合作人才培养模式的人才培养目标、人才培养过程以及人才培养的成果均具有十分明确的岗位针对性。这种人才培养的方式一方面能够帮助学生实现专业化发展，另一方面可以使培养出的人才与行业的需求精准匹配，促进行业的发展。由此可以看出，校企合作具有鲜明的职业性。

2.教育性

人们对于校企合作的本质有着不同看法，但是在对校企合作进行定义时，均将其看作一种人才培养模式。校企合作的人才培养功能是其所有功能中最为显著，也是最为重要的，也可以说，校企合作人才培养模式是一种实践性较强的教育模式，因此，教育性是其本质特性之一。

校企合作的首要目标是培养高素质的技能型人才，因此，双方在合作过程中应该将人才培养放在首位，只有提升人才培育的质量，培养出具有较强综合素质的专业型人才，才能实现校企合作系统的整体发展，使校企合作的成果惠及校企合作中的各环节。

校企合作要求政府、学校、企业等人才培养主体遵循产教融合的理念，以实际岗位需求为导向，强化育人意识，明确人才培养目标，优化理论与实践课程设置，优化教育模式，创新教学方法，多主体共同参与人才的培养。校企合作中人才培养的一系列举措均体现了其教育性。

3. 互利性

政府、学校、企业与学生的利益存在一定的差异。政府与学校均重视社会效益，政府重视区域的全方位发展，学校重视为社会提供高素质人才，并实现自身办学水平的提升。企业重视经济效益，经济效益是企业赖以生存的基础，只有不断优化生产结构，提升经济效益，企业才能在激烈的市场竞争中占据一席之地。学生则重视自身的发展，通过学习知识与技能更好地实现自我价值。利益是事物发展的重要驱动力，校企合作是政府、学校、企业与学生等共同组成的人才培养系统，该系统的良好运行离不开各组成要素之间的利益协调。

校企合作中的"合作"二字，既体现了校企合作模式需要学校与企业双方共同参与的特性，又体现了该模式符合学校与企业共同利益的特点，合作关系形成的关键是利益的协调，因此，在校企合作的过程中，要找到政府、学校、企业与学生个人的利益结合点，并根据各方的共同利益组织开展人才培养。

在校企合作组织运行的过程中，政府、学校、学生与企业之间的目标与利益是具有密切联系的，校企合作的各参与方若没有共同利益，那么这种合作很难长期维持，因此，可以说，互利性是校企合作得以实现的重要前提和基础。

4. 经济性

经济发展是社会发展最主要的组成部分之一，经济基础决定上层建筑，经济发展水平的高低对区域基础设施、文化、教育、环境等领域的建设和发展具有重要的影响。高校人才培养的重要目标之一就是促进区域整体的发展，且在校企合作中，企业是人才培养的主体，人才培养模式具有鲜明的职业性，因此，校企合作人才培养对各主体实现经济效益具有重要的促进作用。

可以说，无论是政府、学校、企业还是学生个人，都能够通过校企合作获得一定的经济利益。校企合作的目的是为社会主义市场经济发展提供高素质人才，促进区域经济发展是校企合作的重要价值指向，这是政府与学校实施人才培养的重要目标。对企业来说，校企合作的人才培养模式能够为企业源源不断地提供高素质人才，为企业生产活动的优化升级和进一步发展提供人才保证，提升创造价值的能力，扩大经济效益。因此，经济需求是企业参与校企合作的重要动力。对于学生个人来说，校企合作的人才培养模式能够全面提升学生的专业素质，促进学生的就业，为学生未来的发展打下良好的基础，学生价值的实现伴随着经济收入的提升。校企合作是围绕学生展开的，可以说，学生是校企合作最大的受益者。

在校企合作中，经济利益是政府、学校、企业与学生个人的共同利益，是校企合作系统中各个组成要素的重要利益契合点之一，而良好的校企合作则可以满足各方的经济利益诉求，因此，无论从目的、组织形式还是成果上来看，经济性都是校企合作的重要特性之一。

5. 创新性

创新是当今时代最为重要的发展理念之一，是国家发展的重要驱动力。创新可以赋予各类组织运行机制以强大的生命力，创新是组织运行发展的关键因素。创新性是校企合作最为显著的特性，这一点从校企合作的组织形式、人才培养的理念以及自身的发展中可以鲜明地体现出来。

首先，从校企合作的组织模式来看，校企合作模式本身就是以创新为理念在实践中探索职业教育发展进路的成果，现代校企合作模式的发展历程并不长，人们将教育实践与产业发展实践充分结合进行探索，最终探索出校企合作的人才培养模式。

校企合作的人才培养模式与传统的教育模式有很大的不同。在传统的教育模式中，理论教学与实践教学相对分离，重视研究型人才培养的教学模式强调理论教学的重要性，忽视实践教学，而重视技能型人才培养的教学模式则强调具体实操技能的训练，对理论基础知识的教学重视不足。现代社会的发展对于高素质专业型人才的需求越来越大，许多类似跨境电子商务的新兴产业，存在巨大的人才缺口，传统的人才培养模式并不能符合行业发展的需求，因此，校企合作人才培养模式逐渐受到人们的重视。

校企合作将企业作为人才培养的主体，学校与企业之间的充分融合也与传统的以学校作为单一人才培养主体的教育模式存在巨大的不同。学生的学习场所在课堂与实际工作岗位中灵活切换，也与传统教育模式中以课堂作为知识传授主要场所的教学形式不存在较大差异。因此，可以看到，校企合作的创新性首先就表现在其组织形式的创新上。

其次，校企合作的创新性还体现在其教育理念与教育内容的创新上，伴随着人才培养组织形式的创新，教育的内容也随之焕然一新，学生不再坐在课堂中机械地学习和记诵理论知识，而是在理论知识学习与实践技能训练结合的过程中，将理论知识充分运用于实践之中，再通过实践深化对理论知识的认识，并将实践中发现的问题带回课堂中进行讨论与研究，将课堂上所学的间接经验与实践中所获得的直接经验充分融合，实现自身知识体系与能力体系的构建。

创新也是校企合作重要的教育内容，创新是时代发展的重要驱动力，是新时代人才所必须具备的素质。校企合作作为新兴的人才培养模式，其对学生创新意识与创新能力培养的重视程度不言而喻。学生通过校企合作的人才培养模式，能够学习专业前沿的理论知识与实践技能，实现对自身创新素质的提升。

最后，校企合作模式的进一步发展也需要以创新发展的理念为支撑。没有任何一种模式适用于任何时代和任何区域，照搬发展模式是行不通的。市场经济的发展变化与区域发展的差异性，使高校与企业需要根据事件发展情况以及区域发展特点来制定最适合自身的校企合作模式，以求真务实的态度与改革创新的精神寻求校企合作的最佳途径。

6. 多样性

校企合作的多样性体现在方方面面。学校与企业之间的合作模式不是一成不变的，校企合作若想达到预期的人才培养目标，必须深入开展全方位的合作，从合作的内容到合作的方式，再到组织机制的运行和人才培养的内容，都需要呈现出多样化的特点。

校企合作的多样性是实现多方共赢的重要保障，是校企合作获得持续发展的重要前提。校企合作的多样性能够使二者之间展开多领域、全方位的合作。

在合作形式上，学校与企业的合作模式有订单式人才培养模式、工学交替式人才培养模式，以及"2+1"人才培养模式等。从合作的层次来看，学校与企业还可以根据人才培养的需要展开深层次合作或中、浅层次的合作。从合作主体来看，既可以是学校与企业之间的全面合作，也可以是学校部分专业与企业相关生产部门之间的合作。

在合作内容上，校企合作也呈现出多样性。校企合作首先要求学校与企业在人才培养上展开合作，在这一前提下，学校与企业还可以充分共享信息资源，为人才培养的内容与方向提供参考。校企双方可以联合组织教师培训，为人才培养提供良好的师资保障；学校与企业还可以充分发挥自身的资源优势，在科研领域展开合作，促进行业的优化升级与学校科研水平的提升。

校企合作的多样性是创新校企合作模式的重要途径。校企合作模式并不是一成不变的，无论是合作内容还是组织形式，都需要不断更新和优化。校企合作作为一种人才培养方式，其重要的任务就是为未来社会的发展提供高素质人才，而高素质人才必须符合时代发展的需要，这就要求校企合作必须不断根据实践的变化丰富教学内容，优化人才培养模式。因此，保持校企合作的多样性是创新校企合作模式，实现校企合作可持续发展的重要途径。

校企合作的多样性也是校企之间展开成熟合作的重要标志，只有全面、深入地合作才能呈现出多样性的特点。因此，多样性既是校企合作过程中所展现出来的特性，也是衡量校企合作发展水平的重要标志。

7. 文化性

校企合作既是一种基于共同发展目标的教育、科研合作，也是一种基于共同利益的经济合作，还是一种基于共同价值观的文化合作。

文化性是当今时代企业发展的显著特征，许多企业目前已经形成了各具特色的企业文化，包括发展理念、企业制度、管理形式、工作态度以及工作氛围等。企业文化是企业软实力提升的重要保障，是企业发展壮大的重要根基，是企业凝聚人心的重要手段。因此，企业若想实现长足发展，就必须加强文化建设。

校园作为育人场所，其文化建设自然十分重要。校园文化对学生的心理和行为产生具有重要的影响，良好的校园文化可以促进学生身心的健康发展，使学生沐浴在美的氛围中，充分调动学生的积极性和主动性，提升学习效率，有利于学生良好学习习惯的养成。相反，不健康的校园文化会对学生的成长和发展产生不利的影响。学生的身心健康是其正常学习、生活、交往、发展的前提和基础。同时，校园文化还彰显着学校的办学理念与治学态度，是一所学校鲜活的名片，并能起到凝心聚力、鼓舞斗志的作用。因此，校园文化的建设应该受到充分重视。

校企合作的文化性主要体现在两个方面，分别是育人过程的文化性以及学校与企业的文化合作。

从人才培养的角度来看，高素质技能型人才不仅需要学校文化的滋养，还需要企业文化的浸润。学生在参与校企合作的过程中，既学习到了理论知识，掌握了实践技能，同时又深受企业文化的熏陶，有利于形成积极认真的工作态度，并能更加深入地接触和了解社会，从而顺利实现从校园到企业的过渡。

从文化合作与交融的角度看，在校企合作的过程中，企业文化与学校文化通过充分的交流，在互相渗透和融合的过程中得到丰富和发展。企业应该充分认识到知识经济时代的特征以及教育对于社会发展的巨大推动作用，将校园文化中崇尚知识、重视科研等理念引入企业文化。学校也应该将企业文化引入日常的教学管理活动中，帮助学生提升对工作实践的认识，使之成为教学环节的重要组成部分。学校与企业通过文化的深入合作，营造校园文化的职业氛围，提升企业文化的层次，在文化层面实现校企融合，有助于学生更加顺利地从学校向企业过渡。

（三）校企合作模式

校企合作的模式丰富多样（如图6-3所示），可以分别从合作层次、培养方式以及办学主体等三个方面进行分类。

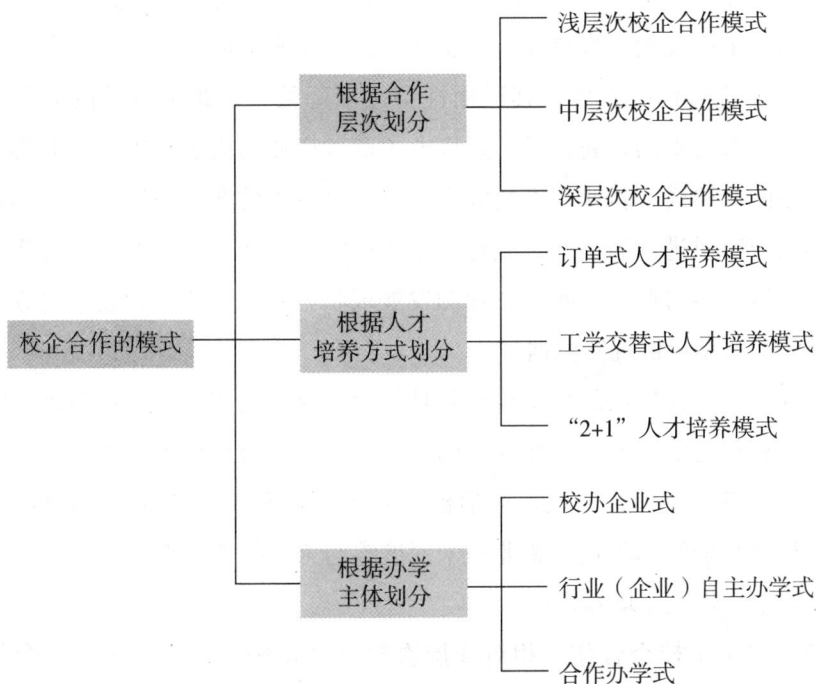

图 6-3　校企合作的模式

1. 根据合作层次划分

根据校企合作的层次与深度可划分为浅层次、中层次和深层次三种校企合作模式。

（1）浅层次校企合作。浅层次校企合作是一种停留在变动层的合作，明确、具体、细致的合作内容是其显著的特点。合作内容一般包括企业为学校提供学生实习场所与教师培训场所，为学校的学科建设与教学活动提供建议，为学校提供考察与调研的机会。同时，学校为企业提供必要的智力与科研支持，等等。

浅层次校企合作一般针对的是具体问题，比如，学校需要为学生提供相对专业的实习场所、生产环境等条件，而这些是学校所不具备的。学校可以通过校企合作，由企业为学生提供实习场所与实操训练设备，并派专人进行指导，使学生对于实际生产活动有深入且全面的认识。

再如，学校课程的设置与教学模式的制定应以实际生产需要为重要参考，但课堂中的案例大多是前人在实践中总结出来的间接经验，具有鲜明的时代性，随着时代的发展，其适用性会逐渐降低。以跨境电子商务专业教学为例，随着技术的日新月异，跨境电子商务产业的内涵与形式不断得到丰富，大量的新模式、新业态不断涌现，仅靠书本上的案例与经验很难实现人才培养的与时俱进。为了避免教育产生滞后性，学校可以通过校企合作，深入企业开展考察与调研，明确产业的发展现状与发展趋势，为教学内容的选择与课程的安排提供现实依据。

如前所述，浅层次的校企合作只是停留在合作的表面，学校与企业之间更多是一种利益的交换，而非利益的结合，双方在合作中各取所需，学校仍然是人才培养的主体，企业是为学校的人才培养提供一定的外部条件支持，弥补学校教育资源的不足，企业并未深度参与人才培养，双方并未组成一个完整的校企合作人才培养系统。

（2）中层次校企合作。相对浅层次校企合作来说，中层次校企合作内容更丰富、领域更全面、形式更多样。学校与企业在人才培养方面开展全方位的合作，共同构成完整的人才培养主体，企业不再仅仅为学校提供资源支持，而是深入参与到人才培养的过程中，真正成为人才培养的主体。

中层次校企合作与浅层次校企合作的区别主要体现在"三同培养模式"上所谓三同培养模式，指的是企业与学校共同制定人才培养方案，确定课程大纲；共同实施教学活动，制定评价体系；共同帮助学生完成实习与就业过程。这种培养方式能最大限度地帮助学生更加深入地了解社会对人才的需求，使培养出来的学生更加贴近市场和企业的需求，同时，学校还可以借力企业，增强自身的办学实力，实现教学与实践的统一。

中层次校企合作的显著特点是多领域、全方位、系统性。中层次校企合作在我国目前的职业人才培养中应用广泛。这一方面是因为浅层次的校企合作在人才培养上效果有限；另一方面许多院校与企业难以实现充分协调，且受制于自身的发展状况，暂时无法开展深层次的校企合作，因此，多选择中层次的校企合作。这种合作模式能够有效提升人才培养的效果，对于学校与企业的发展均大有裨益。

（3）深层次校企合作。深层次的校企合作指的是学校与企业通过不断深化产教融合，形成利益共同体，相互融合，相互依存，相互促进。与浅、中层次的校企合作不同，深层次的校企合作不再将学校与企业明确区分为两个主体，而是双方通过一系列合作机制形成一个人才培养与个体共同发展的系统。双方的共同目标是促进各个系统的发展，而系统的发展目标不仅仅包括培养高素质的人才，还包括实现个体的专业化发展，促进学校办学水平的提升，帮助企业实现生产的优化升级，以实现更大的效益。系统的发展是系统中各要素发展的总和，系统中各要素利益的实现要以系统整体利益的实现为前提，这样才能实现校企深层次合作的良好发展。

校企深层次合作需要学校与企业之间就人才培养与合作的各个环节进行充分协调，与校企中层次合作的三同培养模式不同，校企深层次合作虽然也是学校与企业共同进行人才培养方案的制定与人才培养计划的实施，但是，这种校企合作开展的人才培养活动具有明确的目标指向与坚实的保障。企业也能通过校企合作获得巨大的利益。

学校根据企业的发展目标与用人需求，确定人才培养方案和科研发展方向，为企业提供人才保障和智力支持。企业主动对学校进行投资，为学校的发展提供经济保障，为学生的实践技能训练提供场所，学校与企业形成利益共同体，真正实现教学、科研、开发三位一体。在校企合作的开展形式上，双方也可以实现深度融合，企业可以将生产车间建设在学校中，学校也可以将课堂搬进企业里，甚至还可以根据教学实践创办企业，使人才培养与企业发展充分融合。

校企深层次合作的实现不仅能为校企双方谋取福利，更能使专业人才培养的效果产生质的飞跃，助推地区经济发展，实现经济效益与社会效益的统一。

2.根据人才培养方式划分

根据人才培养方式,我国的校企合作模式可以划分为订单式培养、工学交替式培养以及"2+1"培养模式三种主要的人才培养模式。

(1)订单式培养模式。订单式人才培养模式指的是学校根据合作企业的人才需求特点,定制一套满足其用人需求的人才培养体系。企业与学校根据人才培养体系的具体要求联合进行人才培养,学生毕业后可直接进入企业在特定岗位上工作。这种人才培养模式具有目标指向性强、人才培养效率高、学生就业稳定、教学内容实践性强等特点。

不同的企业在生产方式、管理方式、人才结构、发展战略、企业文化等方面都各有不同,因此,不同企业对人才的需求也有所不同。企业要根据自己的发展特点和用人需求,在与学校充分沟通的基础上签订委托培养协议。企业为学校提供资金、技术、实习场所等资源支持;学校根据企业需求制订培养计划,规划课程门类;学生则在毕业后通过相关考核,直接进入企业进行工作,实现定向就业。

订单式人才培养模式是一种校企之间较深层次的合作模式,学校与企业之间签订的一系列协议代表着双方形成了相对稳固的利益共同体,订单式人才培养模式的良好运行,有助于实现校企合作各参与方的共赢。

(2)工学交替式培养模式。顾名思义,"工学交替"就是一种半工半读,工作实践与知识教学交替进行的人才培养模式。具体来说,工学交替指的就是学生在入学以后,首先在学校进行专业理论知识的学习,然后被安排进入企业,在真实的生产环境中进行锻炼,交替往复于课堂与生产实践之间。

工学交替式培养有助于学生及时将理论知识运用于实践之中,深化对知识的理解,还可以将实践中遇到的问题带回课堂,及时解决。在工学交替式培养模式中,理论教学与实践训练按照模块化教学的理念进行组合搭配,学生在学习完一个模块的理论知识后,可以及时进行该模块的实践技能训练,有助于及时发现问题,解决问题,从而提升学生的知识水平与技能素养。

工学交替的培养模式被广泛运用于高等职业院校,在这种培养模式中,学生可以及时地将理论应用于实践,理论知识教学与实践训练几乎同时进行，真实感受职业环境，实现理论与实践的充分融合。学校则可以根据学生在工作实习中的反馈，及时发现教学过程中的不足之处，调整教学方式，有针对性地加强理论知识的传授，提升教学质量。企业则可以拥有充足的人才保障，在一定程度上缓解短期内人力资源缺乏的问题。

目前我国的工学交替模式具有多种运行机制，学校与企业会根据实际情况制定学生的培养计划。比如，有的是"1+1+1"三段式培养，即先让学生在学校学习一年理论知识，然后到企业进行为期一年的实习，最后再回到学校进行一年的知识学习；有的则是四段式，将学生一年的企业实习时间分为两个半年，与学校学习交替进行；有的人才培养模式教学与实习交替更加频繁，一个季度一次，即三个月轮换一次。

（3）"2+1"人才培养模式。"2+1"人才培养模式，指的是在为期三年的职业教育过程中，学生两年在学校进行理论知识学习，一年在企业进行实习。"2+1"培养模式是现在职业院校使用最多的一种，即学生入学后，先进行系统的理论知识学习，待学生的理论知识框架基本建构完成后，再进行实践技能的训练。

前文已述及这种"先理论，后实践"的人才培养方式的优缺点，当然，这种人才培养方式并非一成不变，也在随着时代的发展不断调整。目前高校普遍采用的"2+1"人才培养模式就是不断调整优化的成果，在理论知识教学的同时，会进行一定的实践技能教学，以避免理论与实践的割裂。两年的理论知识学习能够系统、全面地提升学生的理论知识素养，帮助学生树立正确的世界观、人生观和价值观，培养学生良好的工作和学习习惯，同时进行实践技能教学，全面提升学生的综合素质。一年的企业实习，则会对学生的职业技能进行针对性的训练，让学生在真实的生产活动中提升实践能力，增强职业素质。

在"2+1"培养模式中，学生的理论知识学习与企业实习并不是交叉进行的，而是先系统地学习理论知识，打下扎实的理论基础，之后再到企业进行较长时间的实习，随后走入社会。理论知识学习与企业实习之间的过渡，则通过实践教学来完成，学生在学习理论知识的同时，进行实践训练，最后再参与真实的生产活动。

目前高校普遍采用的"2+1"人才培养模式与传统"先理论,后实践"的技能型人才培养模式的最大不同点,就是"2+1"人才培养模式在理论教学时重视实践技能的教授,虽然这种实践不是长期、系统的技能训练,但是,可以使学生在理论知识学习的过程中明确实践的重要性,且对于自身所需要具备的技能素质有一个整体的了解。

3.根据办学主体划分

随着时代的发展,学校的组织形式逐渐多样化,特别是职业高校的组织形式更加灵活。校企合作作为技能型人才培养的重要途径,其本身是一个完整的人才培养系统,按照办学主体可以将其划分为校办企业式、行业(企业)自主办学式以及合作办学模式三种。

(1)校办企业式。校办企业式校企合作的办学主体是学校,学校根据自身的特点与优势,结合具体专业的发展目标,创立与专业密切相关的企业。

在校办企业式人才培养模式中,学校是人才培养的主体,具有很强的自主性。学校根据自身的发展方向确定人才培养的具体目标与内容,课程的设置与人才培养模式则由学校根据自身教育实践与产业发展实际来自主制定。校办企业式人才培养模式最为显著的优点就是学校对人才的培养不受外界因素过多的干涉,能够按照自己的计划按部就班地进行人才培养,而且,由于企业是由学校自主开办,双方在具体问题的协调上不会遇到太多的阻碍,校企融合的程度也相对较高。

校办企业式校企合作的成果是形成集教学、科研、生产为一体的综合教学实践基地,兼具生产功能,可以自主创造价值,能够带来一定的经济效益,为学校更新硬件设备、改善教学环境提供经济保障。与此同时,由于企业是由学校开办的,因此其生产经营活动更契合学校的发展要求和专业设置,使校企衔接更加顺利,有利于学校办学能力的不断提升。

学校主导、企业支持的代表形式是"工读交替"职业教育培养模式和"合作教育"职业教育培养模式。"工读交替"人才培养模式需要周密地安排和认真地组织才能实现学校与企业之间的深度融合。交替的培养形式有利于学生在实践中更好地理解和运用理论知识,训练自身的实践技能,对生产活动的整个环节有一个总体的认识。"合作教育"则在很大程度上减轻了学校的经济负担，使学校可以充分利用企业的相关设备和资源开展教学活动，学校和企业的联合在很大程度上优化了教育资源的配置，使学生在学习理论知识的同时能进行相应的专业技能实践。

（2）行业（企业）自主办学式。行业（企业）自主办学模式与校办企业模式相对应，指的是由政府推动，将原有学校划归行业管理或者企业自主进行学校的建设。

由政府推动，将原有学校划归行业管理的情况多存在于中等院校中。在这种模式下，行业会对用人需求进行科学的分析和评估，院校根据行业用人的需求，制订教学计划，有针对性地开展职业教育。人才培养的主要任务是满足本行业的用人需求，促进行业发展。

企业自主进行学校建设的形式则进一步提升了企业在校企合作中的自主性，企业成为人才培养的主导者，按照自身的生产实践与发展需求确定学校的办学理念、办学特色以及专业课程设置。企业自主办学的优势是使人才培养的目标更加明确，重视学生实践技能的培养与提升，同时，企业能够为学校提供强有力的资金与技术支持，不断优化升级学校的硬件设施，为人才培养提供充足的物质保障。

综上所述，在行业（企业）自主办学的校企合作模式中，企业对学校和人才的培养具有绝对的掌控权。在这种人才培养模式中，企业根据自身需要创办学校，学校的人才培养方案与企业的发展基本保持一致，所教即所需，学校可以与企业形成良好的对接关系，学生在走出校门后也能更加快速地适应工作岗位。学校是企业的一部分，学生学习的过程与参加工作的过程融为一体，在很大程度上提升了人才培养的效率。

当然，企业自主办学式人才培养模式自身也存在一定的缺点，具体表现在以下两点。

首先，企业的生产规模与员工数量有限，而学校每年培养的人才数量则相对较多。对于许多中小型企业来说，其岗位需求与对人才的培训需求量不足以支撑起一所学校，大量的学生难以在毕业后进入该企业进行工作，但由于企业办学的课程内容都是根据企业需求确定的，学生所学理论知识与实践技能的目标指向性非常强，因此，很容易造成学生不适应其他企业、其他工作岗位的现象。

其次，企业的价值取向与学校有很大的不同。企业以盈利为目标，追求的是经济效益，而学校以促进社会和学生的发展为目标，追求的是社会效益。两者价值取向的不同造成两者人才培养目标的不同。"十年树木，百年树人"，人才培养是一项投入人力、财力多，回报周期长的工程，部分企业追求短期的经济回报，强调对学生实操技能的训练，忽视学生整体素质的提升，这样既不利于学生个人的发展，也不利于企业长期的发展。

（3）合作办学式。校企合作办学模式主要有三种形式，分别是合作办企业、校企合作小学和校企之间建立合作关系。合作办学的模式若想实现人才培养的目标，需要校企双方充分协调，深度融合，找到利益契合点，并以此为纽带，展开全方位的合作。

合作办企业即在政府的支持下，学校与社会资本共同开办企业，其首要目的是培养高素质人才。合作办企业的校企合作模式对于资金的需求量较大，对于技术的要求高，需要政府与社会资本的支持。其优点是企业能够为学校人才培养提供全面支持，学校是人才培养的主导者，能够正确引领人才培养的方向，企业则更多地发挥辅助作用。

合作办学的另一种模式是校企合作办学。这种办学模式的目的是扩大学校的自主权，让学校可以根据实践发展充分发挥主观能动性，制订教学计划，选择教学内容，有针对性地开展教学活动，以推动职业教育的发展。这种校企合作模式有三个显著的特点：第一，学校不再隶属于教育部门，而是独立办学、自主经营的实体。第二，学校与企业共同形成了一个集教育功能、培训功能和生产功能于一体的组织，校企合作不再局限于表面，而是深入组织内部，形成深度融合，双方实现共同发展。第三，学校有自己的董事会，学校的组织运行方式与企业基本一致。

建立合作关系指的是学校与企业建立合作关系，校企双方充分发挥自身的资源优势，共同办学。在这种模式下，学校是人才和智力的提供者，为企业源源不断地输送人才，企业则会接收学生进行实习，并承担一定量的教学任务，及时向学校反馈实习情况，且优先聘用对应学校的毕业生。良好的校企合作办学中，学校发挥着主导作用，而企业则是人才培养的主体。

合作办学模式在我国的校企合作中应用较为广泛，相对校办企业式与行业（企业）自主办学式校企合作模式来说，合作办学模式对校企双方在资金、技术等方面的硬性要求较少，这种模式强调的是学校与企业的充分融合，是建立在学校与企业利益协调基础上的。当然，这种校企合作办学的模式对校企双方的协同性要求较高，在该模式中，学校与企业是相对独立的两个主体，在利益、文化、价值取向等方面存在一定的差异，若想实现良好的人才培养效果，就必须做好校企协同工作。

二、构建产教融合背景下的校企共同体

（一）校企共同体的概念与特征

1. 校企共同体的概念

校企共同体是一个相对较新的概念，是深层次校企合作的建设成果。校企共同体指的是高校与企业以合作共赢为基础，充分合作，深度融合形成的创新型实体，是一种新型的校企合作组织形式。校企共同体要求学校与企业形成人才培养的利益共同体，充分开发和利用双方的教育资源，将理论知识教学与实践技能训练充分结合在一起，构建符合产业发展需求与教育发展方向的人才培养模式。

校企共同体是一种相对成熟的人才培养系统。在这个系统中，政府、学校与企业之间充分协调，共同规划发展的方向，共同参与人才的培养过程，其中，企业与学校共同组成人才培养的主体，共同制定人才培养方案，政府则参与人才培养方向的规划，组织调控系统的运行，并给予政策支持。

校企共同体是校企协同育人的成功实践，是在校企合作的过程中不断深化产教融合的优秀成果，其不仅仅是一种多主体密切合作的育人形式，而

是一个完整的系统，系统中的各要素利益一致、目标一致、步调一致。可以说，校企共同体是学校和企业在长期合作中形成的利益共同体、命运共同体和育人共同体。

2. 校企共同体的特征

校企共同体具有鲜明的特点，主要内容如图 6-4 所示。

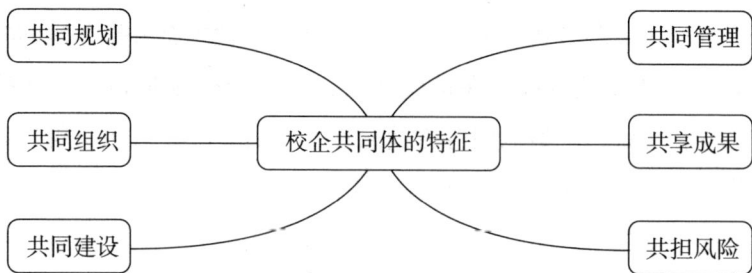

图 6-4　校企共同体的特征

（1）共同规划。共同规划指的是校企双方对校企共同体组织运行模式和未来发展方向的统一规划，包括组织发展目标、人才培养目标、人才培养模式、组织运行模式等方面。

作为校企共同体的两大育人主体，学校与企业的共同目标是通过建立科学的人才培养机制，培养高素质人才，为企业的发展提供人才保障，同时提升学校的办学水平，进而促进社会经济的发展。人才培养首先需要有一个明确的培养计划，这就需要校企双方树立共同的价值观，价值观是校企双方进行合作，达成愿景所需要遵循的准则，是双方合作的基础。校企双方应该树立为社会主义市场经济发展培养高素质人才的价值观，有了正确的价值观，双方才能正确制定发展目标，规划发展路径。

共同规划是校企共同体良好运行的基础，因为系统发展的规划体现着校企双方的共同诉求，反映着双方的价值追求，决定着系统的发展方向。只有在系统发展的总体方向上符合校企双方的利益，才能保证校企双方能够进行全面、深入合作，因此，校企共同体发展规划需要校企双方充分协调、共同制定。

（2）共同组织。校企共同体不同于一般的校企合作组织，它是学校与企业双方根据共同的愿景和价值观，深入合作形成的利益一致的组织行为体。校企共同体并非松散的联合体，其内部成员之间有着十分密切的联系。校企共同体从建立到内部组织机构的运行，再到成果的产出，每一个环节都离不开校企双方的共同组织，共同组织是实现校企共同体发展目标的有力保障。

在具体的组织结构上，校企共同体组织由组织委员会、专家委员会、学术委员会、理事会等机构组成，组织成员包括校企双方的领导、专家、教师、员工等。校企共同体组织负责协调、处理、解决其运行过程中的相关事项，维护组织成员之间的利益，保证校企共同体的正常运行。

在组织运行的过程中，学校与企业根据行业人才需求、学生发展需求与自身发展实践来组织校企共同体。在人才培养上，需要企业与学校共同制订人才培养计划，共同组织教学活动的开展。在校企共同体的发展上，需要企业与学校充分挖掘自身的资源，形成优势互补。共同组织能够保证校企共同体的运行符合校企双方的发展思路，有利于进一步深化校企合作，提升校企协同的水平。

（3）共同建设。在共同规划、共同组织的基础上，校企共同体组织结构的完善及科学运行都需要学校与企业共同建设、共同推进。校企共同体是紧密联系、深度融合发展的校企合作组织，组织的建设需要学校与企业双方的共同努力。

在组织结构的完善上，校企双方需要共同打造"双师型"师资队伍，共同建立实训基地、相关实验和科研开发平台，共同建设良好的人文环境，等等。在校企共同体的运行上，校企双方需要共同培养学生，共同开展教学实践活动，共同促进组织活动的良好运行。

在共同建设的过程中，学校与企业需要充分合作。学校应该充分发挥自身的教育资源和科研能力优势，企业则应该提供技术支持与资金支持，并为学校的教学与科研提供实践案例支撑。校企双方深入合作，充分协调，实现"一加一大于二"的建设成果，促进校企双方的共同发展。

（4）共同管理。共同管理是指校企共同体在人才培养的过程中，校企双方通过共同制定教学、实习、培训等人才培养环节的管理制度，共同研究和制定人才培养方案、共同确立教学计划、共同组织教学过程、共同进行教学质量评价、共同进行教学与生产活动的管理，由学校和企业对校企共同体进行协同管理，提升校企共同体的综合发展水平。

共同管理首先体现在校企共同体是一个完整的育人系统，系统的良好运行离不开科学的管理机制与管理制度。学校与企业应该根据发展需求与发展实践共同制定管理制度，保证校企共同体在科学的制度框架下规范运行。

其次，共同管理的特征还体现在校企协同育人的过程当中，人才的培养同样离不开科学的教育管理制度。校企协同育人无论在组织架构上、培养主体上，还是培养方式上，都与传统的教育模式具有很大的区别。理论与实践充分结合的教育方式，企业与学校共同组成的教育主体以及随着时代发展不断创新的教学方法等，都对校企共同体的管理提出了更高的要求。学校与企业必须明确自身的责任和义务，充分协调，互相配合，共同制定科学的教学管理机制并严格落实，确保校企协同育人规范、科学地展开。

（5）共享成果。在校企共同体中，学校与企业之间的关系非常紧密，双方的利益高度一致。校企共同体的良好运行是通过校企双方深入合作，共同规划、共同组织、共同建设才最终实现的，校企双方缺一不可。因此，校企共同体的发展成果也应该由校企双方共享。同时，为校企共同体建设提供发展指导与政策支持的政府，也能通过校企共同体建设获得巨大的社会效益与经济效益，在经济进步与教育提升的带动下，实现社会的整体发展。

在知识经济引领发展的时代背景和社会主义市场经济的大环境下，企业若想在激烈的市场竞争中立于不败之地，就需要优化生产结构，追求提升产品的科技含量，以更高的效率生产出更加符合市场需求和时代发展的产品，不断拓展市场。

学校为了提高自身的办学质量，需要培养出符合市场经济发展需求的高素质人才，因此，在应用型人才的培养中，需要不断深化产教融合，通过以校企共同体为代表的校企协同育人新模式，提升人才培养的质量，为社会输送更多符合行业需求的高素质技能型人才。

学校是人才、智力、科研的提供方，企业是人才、智力和科研成果的需求方，从供需关系出发，也从培养高质量人才、研究出高水平科技成果出发，校企双方都渴望通过校企共同体这样的平台达到各自的目标，实现高质量人才和高质量科技成果的共享。

（6）共担风险。在校企共同体中，学校与企业之间是一荣俱荣、一损俱损的，学校与企业不但要共享发展成果，还需要共担风险。

任何组织与系统运行的过程之中，必然伴随着风险。风险的来源有很多，既有政策、社会环境、国际环境、社会舆论等外部因素，也有战略选择、方向判断、管理制度、运行机制等内部因素。不同的风险对校企共同体的影响程度也有所不同，学校与企业应该提升风险防范意识，共同建立相关的风险防范机制，以妥善应对可能到来的各种风险。当然，在风险防控方面，政府也发挥着不可替代的作用。

以创新为例，创新是当今时代经济发展的重要驱动力，也隐含着一定的风险。创新之所以是社会发展的重要驱动力，是因为其具有前瞻性与先进性，但这种特性并不是每个创新主体都能准确把握的。大量的实践表明，创新的过程并不是一帆风顺的，而是经过一次次的失败和实践的反复检验而最终形成优秀的创新成果。因此，创新伴随着风险，进行创新就必须做好承担风险的准备。

校企共同体作为时代发展的产物，其最终形成的成果必然会涉及创新，而创新的整个过程会伴随着一定的风险。企业对高校的资金、设备的投入会给企业带来风险，校企双方的项目合作也会给双方带来风险，高校的技术研究与应用、企业的科技成果转化等都会带来一定风险。校企双方需要在发展过程中协调一致，共同建立风险防控与应对机制，在风险未来之时，防患于未然，在风险来临之际，妥善应对，共担风险，共克艰难，最终实现创新发展。

（二）校企共同体的参与主体

1. 政 府

在校企共同体中，政府发挥着主导作用，校企共同体的构建离不开政府的政策支持与帮助。校企共同体构建的目标是为行业与企业培养高素质人才，进而促进社会的发展，这一目标与政府发展教育的目标相吻合。政府参与校企合作的方式主要有两种。

首先，政府可以通过项目招投标、投资、宣讲等方式直接参与校企共同体的组织和建设，成为校企共同体的成员，深入参与校企共同体的建设。其次，政府可以不作为系统的一员参与到校企共同体的组织运行当中，而是对校企共同体的发展提供建议并进行指导，通过宏观调控的手段对校企共同体的建设与发展进行规划。此外，政府要充分发挥风险防控和组织调控的作用，以保证校企合作系统的良好运行。

2. 学 校

学校是校企共同体的核心，是人才培养的主体之一，承担着专业理论知识教学的重要任务，是校企共同体这一人才培养系统的关键实体。在校企共同体中，学校以其得天独厚的教育资源与科研条件，为企业提供人才与智力支持。企业的发展需要不断优化生产结构，创新生产模式，这就需要高素质的专业人才与先进的科研成果。学校凝聚着知识与智慧，具有强大的科研能力与丰富的人才资源，能够为企业提供发展所需的智力支持，帮助企业提升市场竞争力，进而促进校企共同体的进一步发展。

3. 企 业

在校企共同体中，企业既是人才、智力和技术资源的需求者，也是人才培养的主体。在人才培养中，企业承担着实践技能训练的重要任务，负责为学生提供实践训练的场所，培养和提升学生的实践能力，与学校互补，共同组成完整的知识与技能培养体系。

在校企共同体的组织运行过程当中，企业还应与学校共同开展教学改革，加强学科、专业和课程建设，使教学模式与课程体系突出人才培养的应用性和技能性。

企业不但能为学校提供学生的实习场所、工作岗位，还能为学校的发展提供资金和技术支持。学校是非营利机构，但是在校企协同人才培养中，需要消耗大量的人力、物力、财力，这就需要企业充分发挥作用，为校企协同人才培养提供坚实的物质保障。

4. 学 生

学生作为校企共同体培养的对象，是校企协同育人这一过程中最大的受益者。校企共同体是政府、学校与企业围绕人才培养这一核心所建立的系统，因此，学生在校企共同体中占据着十分重要的地位。

学生在学校进行理论知识的学习，在企业接受实践技能的训练。身为祖国未来的建设者，学生应该明确自己肩负的重要使命，勤奋学习，刻苦钻研，严格要求自己，牢固掌握相关专业的理论知识与实践技能。在校企共同体中，学生应该重视完善自身的知识与技能结构，为新时代中国特色社会主义经济建设贡献自己的力量。

（三）校企共同体的作用

1. 促进学校与企业的人才对接

在校企共同体中，学校与企业深度融合，充分合作，不仅共同进行人才培养，还可以帮助学生实现从学校学习到就业的顺利衔接。

学校是人才的培育方，企业是人才的需求方，人才培养与人才需求之间的对接效果是衡量教育质量的重要标准之一。这里的人才对接效果并不能简单地理解成就业，因为许多学生毕业后所从事的行业与自身所学的专业并不一致。因此，人才培养与人才需求之间的良好对接，应该是保证学生掌握的知识与技能有用武之地，让专业的人才从事专业的工作。这样既能提升从业人员的专业性，促进行业的发展，也有利于人才在工作岗位上充分发挥才能，实现更好的发展。

应用型人才的培养具有较强的专业针对性，重视学生实践技能和专业素养的培养和提升，相应地，学生的就业面也相对较窄，若未能从事专业相关行业，那么无论对教育、行业还是学生自己来说，都无疑是一种损失。以跨境电子商务人才培养为例，其课程设置是按照跨境电子商务行业的需求规划的，学生通过系统的知识学习与技能训练，能够胜任跨境电子商务相关的工作。倘若学校与企业之间的人才对接做得不够好，那么具有较高跨境电子商务专业素养的人才很可能就会流失到其他行业，此类现象若广泛存在，那么对于本就存在人才缺口的跨境电子商务行业来说无疑是一种巨大的损失。对于学生来说，其掌握的知识也难以在其他行业得到充分发挥，不利于自身的发展。

在校企共同体的组织运行中，企业深入参与人才培养的各个环节，从人才培养目标和方案的制定，到组织、实施教学计划和内容，再到为学生提供就业岗位。企业既是人才的需求方，也是人才培养的主体。在校企共同体中，企业与学校共同研究高校人才培养与行业企业及其职业岗位（岗位群）的实际对接问题，由于企业对于学生有深入的了解，且学生的培养方向符合企业的人才需求，因此，可以实现人才培养与人才需求之间的良好衔接，既推动了企业的发展，还促进了学生积极有效就业。

2. 优化人才培养模式

校企共同体的本质是一种校企联合组织的人才培养模式，这种培养模式是在人才培养中不断深化产教融合理念的成果，是校企协同育人的最新探索成果之一，是符合教育发展规律与行业发展规律的人才培养模式。

校企共同体的建立，既能使高校的理论研究与课程设计更好地契合企业需求，又能帮助企业在实践中发掘并培养适配产业发展的高素质人才。一方面，校企共同体打破了传统单向知识传递的壁垒，使高校教师和学生能够更直接地接触真实的产业环境与市场变动，从而提升教学内容的现实性与实践性；另一方面，企业能通过参与教学设计与实训项目，将前沿技术与行业标准及时纳入课程体系，并在学校实验室或研究中心得到具有时效性和前瞻性的学术支持和教学资源。如此双向赋能，不仅可以弥合高校与产业在人才需求方面的信息差，还可以在实践中检验并迭代教学方案，实现教育实践与生产活动的良性互动与互促。

就优化人才培养模式而言，校企共同体的作用主要体现在理论与实践融合、学科与产业联动两个方面。在理论与实践融合方面，校企共同体通过在教学环节中引入企业案例、行业调研或真实项目，能够使学生在学校期间便参与到具体的生产与运营流程之中，加深学生对专业知识的理解，并培养学生解决实际问题的能力。企业专家和经验丰富的从业者走进课堂，则能帮助学生洞察行业发展的宏观趋势与技术动向，使知识内容更加贴近产业现实需求。在学科与产业联动方面，校企共同体不仅能整合行业资源建立实训基地，还可与科研机构合作开展前沿技术攻关，为学生和教师提供更广阔的实践与研究平台。通过这一系列的深度协同机制，人才培养模式逐渐向跨学科、跨区域及跨行业方向发展，从而培养出具备多元化知识结构与创新思维的复合型人才。校企共同体的建立促使高校与企业形成一个真正的共同体，在共同承担社会责任和创新使命的同时，不断为区域经济和行业升级输送高质量人才。这种人才培养协作模式，不仅能有效提升教学质量与学生就业的竞争力，而且可为我国高等教育改革与产业转型奠定基础。

校企共同体还可有效优化课程结构体系和人才培养模式。在课程的设置和培养目标的制定上，学校与企业全面分析产业发展实践与行业人才需求，并结合学校与企业自身的实际情况制定人才培养的方案。在人才培养过程中，学校与企业充分发挥自身的教育资源优势，理论知识教学与实践技能训练相结合，共同进行人才的培养，培养和提升学生的综合素质，使学生能够符合产业对于人才的需求，符合时代发展的需要。

3. 提升学校办学水平

校企共同体的发展能提高学校的教育质量，提升学校的办学水平。其作用主要体现在以下几方面。

首先，校企共同体能够提升人才培养的质量，使人才培养更具专业性与岗位针对性，提升学生的就业率。学校教育的目标是促进学生的全面发展，为社会主义建设提供高素质人才，校企共同体创新人才培养模式，将理论知识教学与实践技能训练充分结合，用先进的教育理念与方法提升人才培养的质量，使学生知识与技能体系不断完善、专业素养逐渐提升以及实现良好的就业，本身就是学校教育水平提升的体现。

其次，校企共同体有利于提升教师的职业岗位能力，实现教师专业发展。校企共同体是校企双方建立的密切合作的伙伴关系，企业不仅能为学生提供实践训练的场所，还能为教师提供培训，教师可以进入企业体验工艺流程，联通企业的生产岗位，加深对于生产实践的了解，优化自身的知识结构，以更好地开展教学活动。这一过程就是教师不断实现专业发展、提升职业岗位能力的过程。教师是教学的主导力量，师资队伍的素质是学校办学水平的重要组成要素之一。通过校企共同体的建设，提升教师专业素质，实现教师专业发展，进而推进师资队伍质量的提升，是学校办学水平提升的重要体现。

最后，校企共同体的科学建设与良好运行本身就是学校办学水平提升的重要体现。校企共同体作为校企协同育人的成功探索，是一种创新性的育人实践，符合应用型人才培养的需求。但因为校企共同体的发展历程相对较短，且与区域发展实际、行业发展特点、学校办学条件以及政策环境等因素联系较为紧密，所以与其他人才培养模式相比，校企共同体建设可借鉴的经验相对较少。所以，成功的校企共同体办学实践，是学校与企业通过不懈探索与实践形成的优秀成果，反映着学校办学水平的提升。

4. 促进学生就业

校企共同体有利于促进学生就业，为企业源源不断地提供发展所需的高素质人才。校企共同体以企业的生产需求为依据，使课程结构体系对应企业生产项目要素，使专业课程内容对应职业岗位能力要素，依据每个职业岗位能力要求确定学生的职业素养、工作能力、学习能力、团队协作能力、沟通交流能力以及创新能力等。校企双方以提高人才培养的针对性为目标，共同参与人才培养的全过程，保证学校培养出的人才是企业所需要的人才，在促进学生就业的同时，为企业的进一步发展提供人才保障。

（四）校企共同体的构建路径

1.以利益共同体为前提构建校企共同体

利益是维系学校与企业长期合作的重要纽带，校企共同体与一般校企合作模式最大的不同点就在于，在校企共同体中，学校与企业之间合作的深度与利益的密切程度都要远超一般校企合作模式。

在一般的校企合作中，学校与企业之间不乏深入合作，但其合作的本质仍然是两个独立个体为谋求各自利益展开的合作，学校与企业在合作过程中各取所需。校企共同体则需要学校与企业之间在开展深入合作的同时实现主体的融合，学校与企业共同组成一个新的组织运行实体，两者不是完全独立的两个主体，而是同一主体中的两个组成部分，学校与企业的合作也不再是两个主体之间的互动，而是转化为同一主体的内部运行机制。校企共同推进组织的运行与发展，而组织整体的发展又可以带动学校与企业的进一步发展，使校企共同体产生强大的内驱力，进而形成良性的循环。

校企共同体的构建需要学校与企业之间的深入合作与充分融合，而这种互动模式形成的前提就是学校与企业之间要形成利益共同体。利益共同体是校企共同体构建的前提，通过校企共同体，企业希望获得高素质的应用型人才，同时借助学校的科研能力改善生产环境，提升自身的市场竞争力，获得更多的经济效益。学校则希望借助企业的资源与环境更好地开展实践教学，提升教学质量，提高办学水平。

总而言之，学校与企业是因为利益才结合在一起的，若想构建校企共同体，就必须找到学校与企业之间的利益结合点，并由此拓展合作的范围，深化合作的内容，创新合作的方式，使学校与企业能够更加紧密地联系在一起，形成利益共同体，这样，双方才能自发进行深入合作，实现共赢。

2.以体制机制创新为核心构建校企共同体

现代职业教育的发展允许并鼓励多种体制机制的创新。在构建"校企共同体"的时候，其体制机制决定了校企合作的核心组织架构，也决定了其合作的效果。

一个组织若想良好运行，核心就是重视其内部的体制机制。校企共同体是一个高素质应用型人才培养的运行机制，根据人才培养机制制订教学计划与课程安排，学生则根据学校的安排在组织内部进行理论知识学习与实践技能训练，最终磨炼成高素质的实用型人才。校企共同体就像一台机器，若想平稳地运行，必须具备完善的内部结构，倘若相关体制不完善或者部分机制缺失，就会影响到共同体的运行。

因此，构建校企共同体必须以体制机制建设为核心，结合学校与企业的实际情况，构建完善的人才培养体系与组织运行机制，明确组织架构，利用体制约束和制度保障来维护校企共同体的运行。

3. 以校企文化差异融合为抓手构建校企共同体

校企共同体的两大组成部分——学校和企业，虽然二者深度合作，高度融合，形成一种利益共同体、发展共同体，但学校与企业之间仍存在一定的区别，双方在具体的发展目标、发展意识、合作意识、管理意识和服务意识等方面均有不同。学校与企业在本质上是两种不同类型的社会组织，双方必然会存在一定的文化冲突与矛盾。

具体来看，企业以追逐经济效益为价值取向，这是由其本质决定的，因此，企业在现实发展中更加强调经济利益与现实价值，通常采取务实的管理策略，其经营活动都是围绕盈利而展开的。

学校更加看重长远利益和社会利益，承担着为国家培养人才的重任，经济利益并不是其主要追逐目标，因此，在管理过程中，学校会舍弃一部分经济利益，以换取更大的社会利益和综合效益。

综上所述，在校企共同体的构建过程中，校企双方要充分利用校企合作的平台、在相互尊重对方文化的基础上改革创新自己的文化，如企业应该充分认识到知识经济时代的特征以及教育对于社会发展的巨大推动作用，将校园文化中崇尚知识、重视科研等理念引入企业文化，学校也应该将企业文化引入日常的教学管理活动之中，帮助学生提升对工作实践的认识，使之成为教学环节的重要组成部分。学校与企业在文化交流与融合的过程中逐渐淡化文化矛盾，共同进行校企共同体的建设。

三、我国高校跨境电子商务校企协同育人的侧重点

（一）结合我国实践推进跨境电子商务人才培养

目前，我国跨境电子商务人才的培养仍处于探索阶段，课程体系、教学模式以及人才培养模式的建设都处在不断的摸索中。跨境电子商务人才培养，属于实践性较强的人才培养方向，因此，其人才培养模式的构建需要重视理论性与实践性的结合。跨境电子商务是时代的产物，也体现着时代的特征，蕴含着时代的发展方向，这一点从跨境电子商务迅猛的发展势头与不断增长的经济贡献率中可以看出。因此，要重视跨境电子商务的发展，重视跨境电子商务人才的培养。

在良好的发展形势下，完善跨境电子商务人才培养体系，拓展跨境电子商务人才培养路径，进而促进跨境电子商务的发展，促进社会主义市场经济的发展，是我国当前发展跨境电子商务产业的主要任务。这就要求人们不能闭门造车，要拓宽视野，虚心学习世界范围内先进的校企协同育人经验，去粗取精，兼收并蓄，同时，结合中国跨境电子商务的发展实践，探索我国跨境电子商务的人才培养路径。

（二）拓展跨境电子商务人才的培养路径

校企协同育人的人才培养模式与传统的人才培养模式之间具有很大的差别，校企协同育人重视理论与实践的结合，在技能型人才培养领域具有得天独厚的优势。

校企协同育人的具体开展形式是丰富多样的，通过"校企共同体"平台，学校与企业可以实现互通共赢。学校根据跨境电子商务发展的需求制定符合市场需求的人才培养目标与方案，改革跨境电子商务人才的培养模式，拓展人才培养的路径。

学校与企业可以根据区域跨境电子商务产业发展的实际状况以及人才培养的实践开展合作，合作内容不局限于教学活动，可以积极拓展合作的路径。跨境电子商务人才培养模式路径的拓展主要包括校企合作协调、专业岗

位设置、调研考察、企业人才需求对接、职业岗位标准制定、针对性岗位培训、教学纲要和教材的制定、教学设计、教学模式选择等。

政府与社会也应该为校企合作提供良好的政策环境与社会环境，为校企之间的良好合作提供环境保障。在良好的环境下，企业与学校之间能够更加有效地开展合作，将跨境电子商务的教学内容、企业的发展需求以及学生自身的发展需求相融合，将课堂内容带入企业进行实践，将企业生产过程中存在的技术难题带入课堂研讨解决，提升跨境电子商务人才培养的效率，为我国跨境电子商务的发展源源不断地提供高素质人才。

（三）深化校企合作，重视校企衔接

跨境电子商务是在经济全球化背景下，电子信息技术与网络技术的支持下，跨境商务活动不断发展诞生的新的商务领域。理论源于实践，正是由于跨境电子商务呈现出巨大的发展潜力与良好的发展势头，高校跨境电子商务专业应运而生。

纵观跨境电子商务的诞生与发展历程，市场与企业在其中扮演着重要的角色。跨境电子商务发展历程较短，国内外专业建设经验不足，人才培养体系缺乏实践参考与理论依据，这就决定了跨境电子商务课程体系的建设，仅凭高校是无法独立完成的，需要跨境电子商务企业的参与。

校企合作是促进高校跨境电子商务人才培养体系发展的重要方式，通过深化校企合作，企业可以为高校提供特有的跨境电子商务教育资源与教育环境，为高校教师提供培训岗位，为高校学生提供实习场所，从而提升教师的专业素质，促进学生的实践技能学习。

第三节　完善跨境电子商务产教融合人才培养机制

一、完善跨境电子商务产教融合人才培养模式

完善跨境电子商务产教融合人才培养机制，核心环节就是构建和完善人才培养模式。完善跨境电子商务产教融合人才培养模式的主要内容如图 6-5 所示。

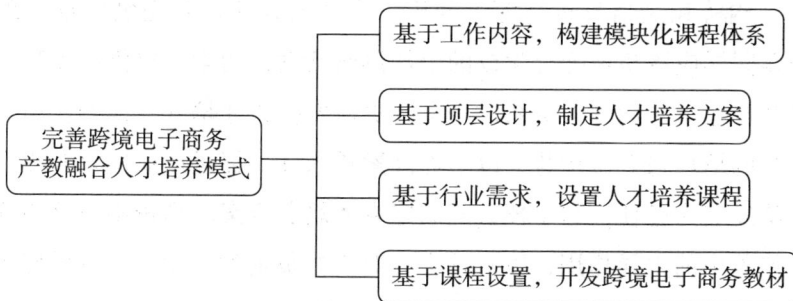

图 6-5　完善跨境电子商务产教融合人才培养模式

（一）基于工作内容，构建模块化课程体系

产教融合人才培养理念要求跨境电子商务人才培养模式需要有明确的目标指向，即以满足跨境电子商务行业或具体的岗位对人才素质的需求为目标开展教育活动。

跨境电子商务人才培养的目的是为行业输送人才，因此，在构建跨境电子商务人才培养模式的时候，应当充分考虑不同专业所对应的工作岗位对人才素质的具体要求。根据岗位的需求，构建具有较强岗位针对性的人才培养模式，调整和优化课程目标与课程结构，科学选取理论与实践教学的内容，完善人才培养的评价与保障机制，使学校之所教即岗位之所需。这就要求人才培养模式的制定者要对跨境电子商务市场进行充分调研，对行业人才结

构以及具体岗位的人才需求有一个整体的了解。包括行业不同类型人才的比例，具体专业所对应的岗位对人才素质的要求，岗位需要什么样的人才，人才的需求量大概是多少，对于人才知识结构有什么具体的要求，人才的准入资格是什么，以及不同岗位的具体工作内容是什么，等等。

跨境电子商务人才培养的各个环节都应该贯彻产教融合理念，产教融合既是一种人才培养理念，也是一种协同发展理念，还是一种合作方式。市场调研的过程同样需要深入贯彻产教融合的理念，行业信息的获取需要政府、学校与企业通力合作，在这一过程中，政府应该充分发挥信息服务的作用，利用自身的信息获取、信息分析与信息发布的优势，对行业发展的情况与行业人才结构等相关信息进行深入分析，为高校人才培养提供信息资源的支持。企业同样应该积极配合学校的市场调研活动，为学校提供所需数据，特别是与学校建立协同育人关系的企业，更应发挥人才培养主体的作用，充分调动自身的信息与资源优势，以培养高素质人才、促进产业优化升级、促进区域经济发展为己任，与学校共同制定人才培养方案。高校则应该明确自身在人才培养中的主导作用，以对社会、对学生负责的态度，认真做好市场调研工作，为人才培养模式的构建提供充足的信息支持。

知识与技能的教学仅仅是跨境电子商务人才培养的一部分，教育的目的是为行业与社会的发展提供人才，同时实现学生个人的全面发展。因此，无论是从行业发展的角度来看，还是从学生就业与发展的角度来看，跨境电子商务人才培养模式的设计与课程体系的构建都需要以具体的工作内容为基础。

对于跨境电子商务专业来说，模块化教学是人才培养的有效手段，其优势主要体现在以下两点。

首先，跨境电子商务涉及大量的交叉学科知识教学，倘若忽视知识之间的内在逻辑联系而随意进行课程的设置，则会很容易造成学生知识结构的混乱。模块化教学可以将知识与技能教学按照课程模块进行划分，将联系密切的知识与技能教学课程划分为同一模块，并通过模块化教学帮助学生厘清各知识模块之间的关系，构建逻辑相对清晰的知识结构。

其次，模块化教学有利于提升学生的综合素质，促进学生的全面发展。

跨境电子商务人才培养的任务不仅是培养学生的实操技能，还需要提升学生的综合素质。在模块化教学中，电子商务模块化教学课程可以划分为专业知识模块、专业技能模块、综合知识模块、综合技能模块、人文素养模块等，不同的模块根据具体知识与技能特点有对应的课程安排与教学设计，可以帮助学生更加科学地进行具体模块的学习。

跨境电子商务人才培养主体根据专业市场调研得到的行业人才需求相关信息，结合行业发展的现状以及趋势，针对电子商务不同专业，构建不同的人才培养模式，根据技能需要构建不同的模块化课程体系，使跨境电子商务专业的教学具有更强的针对性。

（二）基于顶层设计，制定人才培养方案

在产教融合理念下，跨境电子商务人才培养模式的顶层设计是包括政府、学校、企业在内的各个参与主体根据行业发展需求和人才培养需求所确立的人才培养方案。这一培养方案是在兼顾区域经济发展、产业、企业、学校与学生等各方利益的前提下制定的，能够使人才培养符合社会发展的整体利益，符合行业发展对于人才的需求，同时使学生实现自身更好的发展。

产教融合的顶层设计应该具有整体性、全面性和科学性，内容涵盖人才培养的整个流程，同时突出产教融合的特点，包括校企合作的人才培养方式、工学结合的教学模式、理论与实践并重的模块化教学体系等。具体跨境电子商务人才培养方案的制定应该以顶层设计为基础，以为区域经济社会发展提供高素质人才和实现学生全面发展为出发点，在人才培养方式上重视理论知识学习与实践技能训练的有机结合，强调对学生整体素质的培养和提升。

人才培养方案是高校人才培养的纲领性文件，集中体现高校的教育思想和办学理念，是专业教育活动的总体规划，是人才培养模式制定的依据，是教学活动开展的前提，对人才培养的整个流程具有重要的指导作用，人才培养的效果如何，很大程度上取决于人才培养方案设计的质量。为提升人才培养的效果与效率，人才培养方案的设定应当简洁明了、定位准确、思路清晰，电子商务人才培养的各个参与主体应当经过充分研讨与科学分析，共同

制定电子商务不同专业的人才培养方案。

跨境电子商务人才培养方案的制定应该遵循以下几点原则。

首先，要遵循目标、规格、课程三者统一的原则，这是由顶层设计的整体性决定的。人才培养方案是学校组织和管理教育教学、实现人才培养目标与基本要求的总体规划与实施方案，因此，人才培养方案的制定应该综合考虑学生的学习、实践与就业情况，在深入开展行业与企业调研的基础上，坚持人才培养目标、人才培养规格与人才需求相符合。针对不同的人才培养方向设置专门的理论与实践课程体系，明确课程对人才培养的支撑作用。

其次，跨境电子商务人才培养方案的制定要遵循整体优化原则，这是由顶层设计的全面性决定的。其一，人才培养主体在制定人才培养方案时，要全面考虑行业、企业、学校以及学生的利益需求，产教融合既是人才培养理念，也是发展的理念，产教融合的重要目的之一就是实现各要素的协调发展。其二，具体到实践教学中，要重视学生综合素质的提升与全面发展，跨境电子商务人才培养不是单纯的理论知识与实践技能的教学，而是在夯实学生专业素质的基础上，促进学生整体素质全面发展，因此，跨境电子商务人才培养方案应该合理确定各个专业的培养目标，科学设置课程体系，增加选修课程，重视隐性课堂的作用，使理论与实践相融合，全面发展与个性发展相协调。

再次，跨境电子商务人才培养方案的制定要遵循强化实践教学的原则，这是由跨境电子商务专业的性质决定的，跨境电子商务专业具有较强的实践性，强调学生对于应用技能的掌握。因此，高校与企业在制定人才培养方案时，要以学生能力培养为出发点，合理安排理论知识教学与实践技能训练，坚持理论教学、能力培养和素质提升并重的教学原则，在课程安排上体现实践教学的基础性、综合性、设计性与创新性，强化对学生专业技能、实操技巧和创新意识的培养，坚持校内校外、课内课外相结合，通过模块化教学使理论知识教学与实践技能训练实现有机统一，形成与应用型人才培养体系相配套的实践教学体系，促进学生知识、能力和素质的协调发展。

最后，跨境电子商务人才培养方案的制定要坚持与时俱进。跨境电子商务是时代的产物，跨境电子商务专业是年轻的专业，无论是跨境电子商务的行业业态，还是相关的技术与信息，都在不断更新，大量新的技术、理念与知识不断涌入跨境电子商务领域。因此，跨境电子商务人才培养方案必须体现时代性的特点，根据实践的变化，坚持与时俱进，改革创新，在人才培养模式和课程设置上注重适应性与前瞻性，确保培养出的人才不落后于行业的发展，并能助力行业生产结构的优化升级。

完善跨境电子商务人才培养模式，人才培养方案的制定是重要的一环，只有以顶层设计为基础，才能保证人才培养方案的全面性与科学性，才能使人才培养方案具有较高的实践价值，为跨境电子商务人才培养提供科学的指导。

（三）基于行业需求，设置人才培养课程

在产教融合背景下，跨境电子商务专业人才培养应该以行业需求为出发点，电子商务专业具体的课程设置应当体现行业的特色，有利于学生电子商务核心能力体系的构建。

在产教融合理念的指导下，跨境电子商务人才培养无论是在教学模式上还是在课程设置上，均脱离了传统人才培养模式的桎梏，人才培养不再单纯以理论教学为核心，而是以行业需求为目标指向，重视学生实践技能的培养和提升。人才培养也不再以学校为单一主体，而是将企业纳入人才培养的主体中来，通过校企协同育人机制，将行业与企业的需求体现在对于人才素质结构的要求中，而人才素质结构的构建则需要适配科学的课程设置。因此，跨境电子商务人才培养应该以行业需求为出发点构建课程体系，使学生的素质结构适配岗位需求。

在设置跨境电子商务课程时，应该对行业的生产实践进行充分调研，以具体的工作过程为基础，分析跨境电子商务行业的具体工作流程以及不同岗位需要的人才具备何种素质，再根据行业或者企业对于人才具体的素质需求设置课程，构建课程体系，打破传统的课程组合形式，使电子商务人才培养的课程设置能够符合具体岗位的需求，避免学生学到的知识庞杂且在实际工作中实用效果差的情况出现。

行业需求与企业需求是电子商务人才培养具体课程设置的两个重要参考

要素。在课程设置中重视行业的需求可以为跨境电子商务行业整体的发展与优化升级源源不断地提供高素质人才。在课程设置中重视企业的需求可以使学生的知识与技能结构更加适配企业的具体岗位，为企业的发展提供人才支持。在跨境电子商务人才培养中，企业有学校所不具备的独特的教育资源优势，但企业的首要目标是提升经济效益，因此，校企合作需要探寻企业与学校的利益结合点，使企业在校企协同育人的过程中收获切实的利益，这样才能促使校企双方展开有效、深入、持久的合作。

深化产教融合要求学校与企业进行深入合作，双方需要建立长效合作机制，以此为前提，学校与企业在人才培养方面展开长期合作，人才培养必须符合企业发展的需求，这样既有利于提升人才培养的针对性，也有利于深化校企之间的合作。

二、加强跨境电子商务产教融合人才培养制度建设

教学管理制度的建设也是跨境电子商务人才培养模式构建的重要内容之一，有了科学的人才培养方案和符合人才培养需求的课程体系与教材，但若没有相应教学管理制度作为保障，跨境电子商务人才的培养就会很容易被外界的各种因素所干扰，难以保证人才培养实现预期的目标。教学管理制度有两个重要的作用，分别是规范作用与保障作用。

（一）加强跨境电子商务产教融合人才培养规范制度建设

任何类型的人才培养都需要在一定的规范下运行，否则就会很容易偏离正确的发展轨道。跨境电子商务是一门崭新的专业，无论在人才培养模式还是教学方法上，都与传统的高校人才培养存在较大的差别：一方面，这种人才培养模式的革新是一种从实践出发的新探索，符合应用型人才的培养要求与高等教育的发展规律；另一方面，新的探索必然伴随着经验的不足，跨境电子商务专业发展历程较短，国内外缺乏相关人才培养的经验，且在产教融合不断深化的背景下，企业深入参与人才培养的过程中，由于部分企业人才培养的经验不足，并没有发挥出人才培养主体应有的作用，因此，应在制度

层面加强对人才培养的规范，为人才培养构建制度框架。

相关部门应该通过制定严格的教学管理制度、科学的课程管理要求、合理的考核评价体系落实跨境电子商务专业人才培养体系，规范跨境电子商务人才培养的各个方面与具体流程，实现培养高素质应用型人才的目标。

（二）加强跨境电子商务产教融合人才培养保障制度建设

教学管理的保障作用主要体现在对跨境电子商务人才培养的政策支持和制度保障上，跨境电子商务产教融合人才培养涉及众多参与主体，无论是企业还是学校，在落实产教融合的过程中都需要一定的政策支持。

从企业层面来看，企业以提升经济效益为目标，产教融合人才培养从长期来看能够促进企业的优化升级，但是短期内难以为企业带来显著的经济效益，而且企业会在校企合作育人的过程中投入大量的人力物力，容易造成企业推进产教融合的积极性降低。这就需要相关部门为参与校企协同育人的企业提供相应的政策支持与保障，使企业能够通过校企合作实现自身的发展，促使校企合作实现多主体共赢的发展目标。

从高校层面来看，由于产教融合人才培养的模式与传统的高校人才培养方式之间存在较大的差异，企业成为人才培养的主体，因此，部分学校对产教融合人才培养的模式仍然存有一定的顾虑，部分教育工作者会认为这样的产教融合人才培养方式不利于学生理论知识的学习，故而会对产教融合产生一定的抵触情绪。这就需要政府充分发挥自身的作用，为企业与学校提供政策支持和资金保障，提升企业与学校推进产教融合的积极性，促进产教融合的发展，使跨境电子商务人才培养实现预期目标。

第七章　加强高校跨境电子商务师资队伍建设

第一节　我国跨境电子商务师资队伍的建设情况

一、跨境电子商务师资的构成情况

在产教融合理念的指导下，经过政府、高校与企业共同的努力，我国跨境电子商务教育师资队伍，无论是教师与在校生比例、教师的高学历高职称人数、"双师型"教师比例等数量指标，还是教师的教育教学能力、实践教学水平、科研与服务社会能力等质量指标，都有了显著的优化。

在高校跨境电子商务师资队伍构成方面，师资结构更加合理，教师素质不断提升。近年来随着跨境电子商务产业的不断发展以及跨境电子商务人才培养水平的不断提升，无论是行业还是高校都孕育出一大批高素质跨境电子商务人才。大量的跨境电子商务人才在补充行业人才缺口的同时，也充实了高校跨境电子商务师资队伍。

人才素质的不断提升使学校在构建跨境电子商务师资队伍时有了更多的选择。高校根据具体的教育发展需求，通过多种途径选择适合的人才补充进教师队伍，并在产教融合不断深化的背景下，通过与企业进行深入合作，共同开展师资培训工作，使学校教师队伍的素质不断提升，师资结构更加合理。

二、跨境电子商务师资的培养情况

随着跨境电子商务行业的迅速发展以及国家对于教师专业化发展的高度重视，各地政府、高校与企业充分协调，以校内培训和校外培训相结合的方式，组织跨境电子商务教师开展系统的学习与培训，积极通过各种渠道开展教师培养工作，鼓励教师走进企业，丰富其专业实践经验。比如，鼓励校内跨境电子商务教师定期前往企业进行顶岗实践，以促进理论与实践相结合，培养"双师型"师资队伍。又如，聘请跨境电子商务企业的管理人员、技术人员等到校做兼职教师，以提高校内跨境电子商务专业师资水平。

许多高校定期选派跨境电子商务教师参加跨境电子商务交流会、研讨会等，增强对区域内外跨境电子商务发展新动向的了解，并将行业新的发展状况带回学校，与广大任课教师共同分享交流，丰富了教师的知识体系，拓宽了教师的视野，使高校跨境电子商务师资队伍整体素质获得了显著提升。

目前，我国跨境电子商务教师培养呈现出多渠道、深层次、全方位的特点，不仅在教师培养途径上呈现出多样化的趋势，也注重教师专业化发展的重要性，不仅重视教师跨境电子商务实践技能的训练，还注重教师教学能力的培养和提升。

三、跨境电子商务师资的保障情况

我国还出台了一系列规范和保障措施，为跨境电子商务师资队伍的建设与发展提供良好的政策环境。政府与高校也出台了一系列激励和保障措施，促进跨境电子商务师资队伍的发展。

2021年，教育部等六部门印发了《关于加强新时代高校教师队伍建设改革的指导意见》（以下简称《指导意见》），对新时代高校教师队伍建设改革具有重要的指导意义。《指导意见》指出，要着力提升教师专业素质能力。针对高校教师发展制度不系统、教师培训针对性和实效性不高、教师发展支持服务体系不健全等问题，明确健全高校教师发展制度、夯实高校教师发展支持服务体系等两项举措，健全教师发展体系，系统化建立教师发展的培训制度、保障制度、激励制度和督导制度；健全教师发展组织体系。

《指导意见》还指出，要完善现代高校教师管理制度。针对部分地区对高校选聘教师用人权下放不够、教师岗位管理不够灵活、教师考核评价体系单一、教师兼职和兼职教师管理不完善等问题，提出完善高校教师聘用机制、加快高校教师编制岗位管理改革、强化高校教师教育教学管理、推进高校教师职称制度改革、深化高校教师考核评价制度改革、建立健全教师兼职和兼职教师管理制度等六项举措，充分落实高校用人自主权；出台高校教师职称制度改革的指导意见，完善教师职称评审标准，分类设置评价指标，确定评审办法；突出质量导向，注重凭能力、实绩和贡献评价教师。

在高校教师待遇方面，《指导意见》提出要切实保障高校教师待遇。针对高校绩效工资制度活力不够、薪酬分配机制不完善等问题，提出推进高校薪酬制度改革、完善高校内部收入分配激励机制等两项举措，落实以增加知识价值为导向的收入分配政策，扩大高校工资分配自主权，探索建立符合高校特点的薪酬制度；在保障基本工资水平正常调整的基础上，合理确定高校教师工资收入水平，并向高层次人才密集、承担教学科研任务较重的高校加大倾斜力度；落实高校内部分配自主权，向扎根教学一线、业绩突出的教师，承担急难险重任务、做出突出贡献的教师以及从事基础前沿研究、国防科技领域的教师倾斜。

《指导意见》还特别强调了要加强高校教师队伍建设保障。从组织保障、责任落实、社会支持等方面，确保教师队伍建设取得实效。在《指导意见》的指导下，结合行业发展实践，我国高校跨境电子商务师资队伍建设有了明确的方向，高校与企业为师资培训提供充足的条件与机会，促进教师专业发展。与此同时，作为产教融合的重要组成部分之一，政府充分发挥自身职能，为跨境电子商务师资队伍的建设提供足够的制度保障。随着产教融合的不断深化以及跨境电子商务专业的不断发展，我国跨境电子商务师资队伍的素质不断提升，教师的相关保障也逐渐完善。

第二节　我国高校跨境电子商务师资队伍的优化

一、提升科班出身教师的比例

由于跨境电子商务专业属于新兴交叉学科专业，人才培养历程相对较短，特别是研究生以上高层次电子商务专业人才培养滞后，进而导致了部分高校跨境电子商务师资供应不足。

跨境电子商务是一门年轻的专业，且涉及大量的交叉学科知识，非跨境电子商务科班出身的教师虽然能够承担不同学科的教学任务，其知识与能力结构也具有较强的专业和技能指向性，但是其跨境电子商务的理论与技能结构尚不完善，难以很好地把握跨境电子商务整体的知识体系。跨境电子商务想要培养高素质应用型人才，就必须提升科班出身教师的比例，以保证学生能够通过理论知识学习与实践技能训练，形成科学、完善、专业性强的跨境电子商务知识与技能体系，这也是跨境电子商务行业发展的需求。

随着跨境电子商务的迅速发展以及越来越多的高校设立跨境电子商务专业，跨境电子商务科班出身的人才越来越多。高校若想切实优化跨境电子商务的师资队伍，提升科班出身的教师比例，就必须提升自身对人才的吸引力，提高教师的待遇，优化教学环境，完善对跨境电子商务师资队伍的保障。政府也应该出台一系列措施，激励跨境电子商务人才，愿意走进学校，在教学工作中充分发挥自己的才能。

二、提升教师专业素质

教师作为课程教学的主导者，在人才培养的过程中发挥着不可替代的作用。高校若想切实提升跨境电子商务人才培养的水平，就必须重视对教师的专业素质的提升。

第一，教师需要不断完善自身的理论知识体系。作为一名教师，必须

191

具备相对完善的理论知识体系，才能更好地履行教学职责，特别是对于跨境电子商务专业来说，作为一门崭新的学科，学生必须夯实理论基础，才能更好地构建知识与技能结构，这就要求教师的理论知识体系必须是丰富且扎实的。同时，由于跨境电子商务涉及的交叉学科较多，覆盖的知识与技能领域较广，教师必须对跨境电子商务知识结构有一个系统且全面的掌握，才能确保学生能够在跨境电子商务的学习中形成结构清晰的知识体系。

第二，教师需要提升自身的实践技能。跨境电子商务是一门实践性较强的专业，作为教师除了要具备较高的专业理论素养外，还必须要紧跟行业、企业和市场，有较高的技能水平，这样才能保证实践教学的有效性。要提升教师的实践能力，高校一方面需要加强实践平台的建设，为教师的专业化发展提供足够的硬件支撑；另一方面需要不断深化产教融合，提升校企合作水平。

第三，教师需要不断提升教学能力。作为教师，优秀的教学能力是必不可少的，教师不仅要具备扎实的专业知识，还要懂得如何传授知识。针对这一问题，学校应该科学安排时间，定期组织教师进行培训，提高教师的教学水平，促进教师的专业化发展。

三、注重知识与能力结构的更新

教师作为教学活动的主导者，在跨境电子商务人才培养中发挥着重要的作用，其知识与能力结构必须符合行业的发展与人才培养的需求，必须紧跟时代步伐，不断实践，不断充电，唯有如此，方能使自身知识结构得到补充、更新，确保教学内容与时俱进，培养出符合时代发展需求的人才。

网络技术的发展以及高校跨境电子商务新业态的不断出现，要求教师必须拓宽自己的视野，走进跨境电子商务行业的生产实践，深入了解行业的新理念、新动态。这就需要学校与企业在产教融合人才培养理念的指导下不断深化校企合作水平，校企协同对教师开展培训，使教师能够掌握最新的行业知识与技能，并将其带入课堂，保证教学内容的与时俱进。

第三节　加强高校跨境电子商务师资队伍建设的路径

一、加强跨境电子商务教师在职培训

（一）组织跨境电子商务教师参加校内培训

校内培训是促进跨境电子商务教师专业发展的重要途径，打造一支高素质的教师队伍，不仅要重视人才的引进，还要重视对本校教师的培养。只有这样，才能保证高校师资队伍实现整体优化。组织教师参与校内培训，既是构建高素质师资队伍的需要，也是教师专业发展的需要。校内培训具有以下两方面的优点。

1. 组织方便

校内培训的开展场所是学校，因此，无论从时间维度还是从空间维度来看，都便于组织教师开展培训活动。学校是教师日常工作的场所，校内培训可以在不耽误课程进度的前提下，使教师参与到培训活动中来。学校可以根据教师的工作时间，合理安排或灵活调整教师的授课时间，集中组织教师开展校内培训工作。

2. 立足教学实践，针对性强

校内培训是立足本校教学实践开展的教师培训活动，因此，培训内容更加贴合教师的教学实践需求，在培训过程中，教师可以就自己在教学过程中遇到的问题展开讨论，或交由经验丰富的教师或者专家进行解答。培训的内容也是以提升本校跨境电子商务教学效果为核心，具有很强的针对性。

学校要鼓励高校跨境电子商务专业教师参加校内培训，帮助教师通过培训发现并解决在跨境电子商务教学过程中遇到的问题。学校还可以利用老带新的培训方式，让经验成熟的教师对新教师进行理论与实践层面的指导，用丰富的教学经验帮助新教师少走弯路，提升教学能力。培训方式可以是新老一对一，也可以是一对多。

学校还可以组织教师交流会，教师通过交流会将自己在教学过程中遇到的问题列举出来，供新老教师交流与讨论，教师群体群策群力，共同分析问题产生的原因，探索应对问题的方法。通过这种方式教师也可以发现自己在教学过程中潜在的问题，防患于未然。

（二）组织开展跨境电子商务教师校外培训

高校跨境电子商务教师培训的方式主要有两种，分别是校内培训与校外培训。校内培训侧重解决教师在实际教学过程中遇到的问题，重视对教师教学能力的培养。校外培训的主要任务则是培养和提升教师的跨境电子商务实践技能，校企合作中的教师校外培训能够充分体现产教融合的理念。

跨境电子商务是一门实践性较强的专业，十分重视对学生实操技能的培养，教师作为教学活动的主导者，不仅要具备扎实的理论知识基础、开阔的视野、与时俱进的思维，还应该具备较高的职业素养与实践能力，这样才能确保实践教学的质量。由此，跨境电子商务教师必须对行业的发展现状与发展趋势有一个相对清晰的认知，了解行业、企业对于高校学生素质的要求，掌握行业的新技术以及生产操作的具体流程与方法。为此，高校与企业之间应该不断深化合作，协同开展教师校外培训工作，为高校教师到企业进行实习和培训提供机会与场所。

在组织跨境电子商务教师进行校外培训的具体方式中，最为常见的就是企业"顶岗"实训。校外培训与校内培训不同，培训地点与教师工作地点并不在同一地点，且培训时间一般相对较长，为了避免影响正常的教学进度，学校应该分批次组织教师轮流进入企业进行"顶岗"实训。这样一来，既不耽误学校正常的教学工作，又能使教师在校外接受系统培训，切实提升自身专业素养，并能够学以致用，将培训内容与课堂教学充分结合，改进教学方式。

高校跨境电子商务教师校外培训的另一种有效途径就是加强教师培训基

地建设。高校若想打造一支高素质的教师队伍，就必须加强与政府、企业之间的合作，通过体制机制创新，建设能够适应现代高校教师专业化发展需求的实训和培训基地。教师培训基地的建设首先需要整合区域内的师资与教育资源，形成跨境电子商务教师专业发展理论研究的骨干力量，为跨境电子商务教师专业化发展制定标准，构建课程体系与培训项目。其次，政府、学校、企业三者之间协调配合，充分调动区域内跨境电子商务的实训资源，建立区域性共享式公共实训基地。同时，学校与企业之间可以通过不断深化校企合作，共同建设针对性较强的教师培训基地。最后，跨境电子商务教师培训基地应该积极吸纳社会资源，与国内外的企业、高校、科研院所以及其他教师培训基地开展合作与交流，不断丰富培训的内容，优化教师培训的模式。

二、建设"双师型"跨境电子商务教师团队

（一）"双师型"教师团队的内涵

"双师型"教师是职业教育中一种特定的教师类型，诞生于我国职业教育的实践。随着我国职业教育的不断发展，在技能型人才培养的过程中，对于实践性环节教学质量的要求越来越高。教师作为教学活动的主导者，在人才培养的过程中发挥着重要的作用，因此，提升教师的专业素质，优化教师队伍的结构，成为职业人才培养最重要的任务之一，"双师型"教师的概念就是在这种背景下诞生的。

王义澄于 1990 年在《中国教育报》上发表了题为《建设"双师型"专科教师队伍》的文章，将"双师型"教师队伍建设列为提升职业教育水平的一项重要举措。他在 1991 年发表的《适应专科教学需要，建设"双师型"教师队伍》一文中，更是系统地提出了"双师型"教师队伍构建的路径以及侧重点。国家对"双师型"教师队伍的建设十分重视，将其作为发展职业教育与实现教师专业发展的重要举措，在关于发展职业教育的文件中多次强调"双师型"教师的重要性，对"双师型"教师占全校专任教师的比例进行了规

定，并将"双师型"师资队伍的建设纳入学校的考评机制。[①]

目前学界对"双师型"教师的概念尚无统一的定论，有的学者认为"双师型"教师指的是拥有"双证"或者"双职称"的教师；有的学者则认为"双师型"教师即兼具理论教学素质和实践教学素质的教师。综合学者们的观点，"双师型"教师应该具备以下几方面的素质与能力。

第一，"双师型"教师应该具备较强的教学能力。"双师型"教师的本质仍然是教师，教书育人是其核心职责，因此，"双师型"教师首先需要具备的就是教师职业素养。

第二，"双师型"教师应该具备与讲授专业相对应的行业的职业素质，具备较强的行业或职业的专业能力与实践能力。"双师型"教师与传统教师最大的不同点就是具备较强的专业素养与职业能力，因此，"双师型"教师能够更好地胜任实践技能教学工作。

第三，"双师型"教师能够沟通学校与社会，促使校内外教育资源实现有效衔接，具备较强的交往、组织和协调能力。

第四，"双师型"教师应该具备良好的管理能力。既具备良好的班级管理与教学管理能力，还具备一定的企业、行业管理能力，能够教授学生丰富的企业、行业管理知识。

第五，"双师型"教师应该具备较强的适应能力与创新能力。"双师型"教师不仅要具备对时代和行业发展较强的适应力，还应该具备卓越的创新思维与创新能力，能够组织和指导学生开展创造性活动。

"双师型"教师个体的力量有限，高校若想提升人才培养水平，为行业发展源源不断地输送高素质技能型人才，就需要打造一支高素质的"双师型"教师团队。

"双师型"教师团队有两种基本形式，一种是全部由"双师型"教师组成的教学队伍。这种教师团队的成员普遍具有较高的教学能力和职业素养，非常适合培养技能型人才，但这种教师团队的教师培养周期长，组建成本

---

① 崔静静，龙娜娜，房敏，等.新时代地方本科院校"双师型"教师队伍建设研究[M].
北京：冶金工业出版社，2020：31-33.

高，对于部分院校来说，组建这样一支高素质的"双师型"教师团队有一定的难度。另一种形式是在"双师型"教师团队中，既有专业的教师，也有兼职的教师，兼职教师有的来自高校，有的来自企业，有的则来自科研单位或行业协会。专职教师主要负责理论知识教学，而兼职教师则主要负责实践教学，团队中的教师各司其职，相互配合完成教学任务。

高校应该从自身条件与教学实践出发，组建适合自身的"双师型"教师团队，优化师资队伍，提升技能型人才培养水平。

（二）"双师型"跨境电子商务教师团队建设路径

"双师型"教师团队建设是我国职业教育发展的重要路径，跨境电子商务作为发展历程较短的专业，更需要实践经验丰富的"双师型"教师对学生的理论学习与实践训练进行指导，构建"双师型"跨境电子商务教师团队主要从以下三方面进行。

1.师资培训与引进人才相结合

"双师型"教师队伍的建设途径很多，其中最为常见的方式有培训现有教师、引进"双师型"人才以及聘请兼职教师等。

引进"双师型"人才是许多高校构建"双师型"教师团队的主要途径，这种方式的优点有很多，首先，可以快速补充高校"双师型"教师队伍，学校通过这种方式能够在短时间内构建一支整体素质较高的"双师型"教师团队。其次，能够节省学校"双师型"教师培养的时间成本，或者可以在学校"双师型"教师的培养周期内完善学校的师资队伍，实现学校师资队伍的平稳优化。但是这种"双师型"教师团队构建方式也存在一定的缺点，首先，引进的人才对于高校的实际教学情况并不了解，容易出现难以适应教学实践的情况。其次，人才引进的方式受一系列外部因素影响较大，难以保证各专业教师资源的平衡和充足。

与引进人才的方式类似，聘请兼职教师同样可以有效提升高校师资队伍的整体水平，对高校的跨境电子商务教学以及跨境电子商务教师的专业发展能起到较好的指导作用。但是，当前"双师型"教师已经成为职业教育教师专业发展的必然趋势，跨境电子商务人才培养需要大量的"双师型"教师，兼职教师的数量毕竟有限，难以满足高校"双师型"教师队伍建设的需求。因此，对高校现有的跨境电子商务教师进行培训，就成为高校"双师型"教师队伍建设的主要途径。

培训现有教师是"双师型"教师队伍建设的主要途径与趋势。跨境电子商务教师的培养路径很多：一方面要加强理论研究，重视理论对实践的指导作用，高校应该对国内外"双师型"教师培养的理论与实践进行深入分析与科学研判，结合自身教师专业发展的实际情况，确立"双师型"跨境电子商务教师的培养目标与培养方案，将"双师型"教师的培养上升到学校战略的高度，以理论为支撑展开教师培养实践。另一方面，教师培养也要抓重点、树典型、立标杆。在对"双师型"跨境电子商务教师队伍进行全面培养的同时，要重点培养一些中青年骨干教师，提升其教学能力与专业素养，使其成为"双师型"教师发展的典范与标杆，在教学实践中起到带头作用。

在"双师型"教师培训中，要坚持校本培训与校外培训相结合的原则，对跨境电子商务教师的专业知识、专业技能和教育教学知识与技能进行全面培训，使其成为能够满足学校提升跨境电子商务专业教学水平需求的高素质"双师型"教师。

2. 坚持产学研结合的办学理念

高校的办学理念对师资队伍建设有着重要的影响。"双师型"教师队伍的建设路径有很多，但无论是引进"双师型"人才、聘请兼职教授还是培训现有教师，都需要学校坚持"产学研"结合的办学理念，只有这样，才能使"双师型"教师团队的建设符合技能型人才培养的需求。

"双师型"教师团队建设需要实现团队中教师知识与能力结构、教学方式以及教学理念的转变。教师的知识结构需要从知识型向知识与实践结合型转变，教师的教学方式需要从课堂理论教学转向实践教学与实践训练，教学理念要从提升学生成绩向培养高素质应用型人才转变。实现这些转变的重要基础条件，就是学校坚持"产学研"结合的办学理念，创新"产学研"结合的办学机制，为"双师型"教师队伍的建设提供良好的环境。

3.建立健全规范与保障制度

建设"双师型"教师队伍，不仅要重视教师队伍构建，还要重视对教师队伍建设的各项支持与保障措施，如建立健全"双师型"教师的评价制度与激励制度。建立健全评价与激励制度既可以对师资队伍的建设起到良好的规范作用，还能提升教师的积极性，引导教师不断完善自我，实现更好的专业发展。建立健全"双师型"教师的规范与保障制度，需要重视以下几方面。

（1）提升"双师型"教师培养的战略高度。构建良好的"双师型"教师队伍的前提是对师资队伍的优化给予充分重视。高校应该将"双师型"教师队伍建设纳入学校发展的总体规划中，将其上升到战略层面，作为学校重要的发展战略之一进行建设，提升"双师型"教师的地位。

（2）建立健全继续教育制度。教师专业化发展要求教师要树立终身学习的观念，教师既是教育者，也是学习者，在工作的同时坚持学习，不断丰富自身的知识，磨炼自身的技能，提升自身的专业发展水平。学校要为教师的专业发展提供充分支持与保障，建立健全继续教育制度。根据教师的实际情况、自身特点以及教学实践等，通过校内培养与校外培训相结合的方式开展教师培训，保障教师继续学习的权利，促进跨境电子商务教师的专业发展。

在产教融合的理念下，跨境电子商务人才的培养需要校企深入展开合作。校企合作的内容十分广泛，不仅包括学生的培养，还包括科研、技术、师资培训等方面的合作。企业应该充分发挥自身的资源与经验优势，与学校充分协调，组织开展教师培训。学校应在合理安排教学课程的前提下，给予教师足够的校外生产实践机会，鼓励一线教师走出校园，参与相关企业的工作实践。

（3）科学运用激励政策。激励政策是一种外在的驱动力，充分利用各种奖励制度与激励政策，如补贴、职称晋升以及合理调配等手段，可以有效激发"双师型"教师工作的积极性，为"双师型"教师营造良好的工作、生活和专业发展的氛围。

结 语

跨境电子商务自诞生以来，就呈现出勃勃生机，不仅因为其是时代的产物，更因为其对经济的增长与转型产生了巨大的推动作用。跨境电子商务有利于传统外贸企业的转型升级，是产业结构升级的新动力，创造了新的经济增长点，还有利于提升我国的对外开放水平。跨境电子商务作为一个新兴的产业，在经济发展中发挥着越来越重要的作用。

随着我国经济发展水平的不断提升和网络技术的不断发展，我国跨境电子商务的发展也步入快车道，对经济增长的贡献逐年递增，发展势头良好。在推动电子商务产业快速发展的诸多因素中，我国跨境电子商务行业从业人员素质的提升发挥了重要的作用。

行业的发展离不开人才的支持，人才的知识与技能对于行业的发展来说至关重要，跨境电子商务行业作为知识经济时代新兴的产业更是如此。因此，国家对跨境电子商务人才的培养十分重视，多所高校开设跨境电子商务专业，力求培养高素质的跨境电子商务专业人才。党的十九大报告指出要深化产教融合，跨境电子商务产教融合人才培养步入了新的发展时期，校企合作不断深化，校企合作形式不断丰富，校企协同育人水平不断提升，培养出了大量高素质跨境电子商务人才，为行业的发展提供了充足的人才保障。

参考文献

[1] 李倩.跨境电子商务[M].北京：中国财富出版社，2019.

[2] 徐慧婷.跨境电子商务[M].厦门：厦门大学出版社，2019.

[3] 井然哲.跨境电子商务导论[M].上海：格致出版社、上海人民出版社，
     2019.

[4] 许辉.跨境电子商务实务[M].北京：北京理工大学出版社，2019.

[5] 董德民.电子商务[M].北京：中国水利水电出版社，2017.

[6] 邹莉.电子商务[M].重庆：重庆大学出版社，2017.

[7] 唐红涛.跨境电子商务理论与实务[M].北京：对外经济贸易大学出版社，
     2019.

[8] 韩琳琳.跨境电子商务实务[M].上海：上海交通大学出版社，2017.

[9] 刘桓."互联网+"时代的电子商务研究[M].长春：吉林人民出版社，
     2019.

[10] 胡莹瑾.电子商务理论与实践研究[M].长春：吉林人民出版社，2020.

[11] 赵元铭.国际贸易与电子商务战略研究[M].长春：吉林人民出版社，
     2017.

[12] 钟卫敏.跨境电子商务[M].重庆：重庆大学出版社，2016.

[13] 马述忠.跨境电子商务案例[M].杭州：浙江大学出版社，2017.

[14] 鄂立彬.跨境电子商务前沿与实践[M].北京：对外经济贸易大学出版社，
     2016.

[15] 姚克勤.大数据背景下的跨境电子商务体系研究[M].成都：电子科技大学出版社，2018.

[16] 黄艳.产教融合的研究与实践[M].北京：北京理工大学出版社，2019.

[17] 黄立.产教融合背景下高职院校"双师型"教师团队建设研究[M].长春：吉林人民出版社，2020.

[18] 薛晓霞.电子商务人才培养模式研究与实践[M].北京：北京交通大学出版社，2017.

[19] 王帮元.现代电子商务人才培养模式改革与管理[M].合肥：中国科学技术大学出版社，2015.

[20] 袁江军.高职电子商务专业人才培养系统工程[M].杭州：浙江工商大学出版社，2013.

[21] 王方红，沈利华.应用型跨境电子商务人才培养对策研究[J].中国商论，2022（12）：156–159.

[22] 巫晓婷.高职院校"双师型"教师队伍建设路径研究[J].济南职业学院学报，2022（3）：16–19.

[23] 董加天.我国跨境电子商务综合试验区发展模式研究[J].商展经济，2022（6）：34–38.

[24] 张虎伟.高职院校"双师型"师资队伍建设研究[J].辽宁高职学报，2022（3）：78–82.

[25] 冯艳艳.应用型高校"双师型"教师专业发展研究[J].河南教育（高教版），2022（3）：61–62.

[26] 王志辉，于忠波.中职学校"双师型"教师专业发展策略研究[J].科技风，2022（7）：160–162.

[27] 马龙梅.高职院校跨境电子商务人才培养模式分析[J].中国储运，2022(3)：139–141.

[28] 肖琦.浅谈我国跨境电子商务人才培养模式[J].中国集体经济，2021（31）：112–113.

[29] 靳甜甜.跨境电子商务人才培养模式探析[J].陕西教育（高教），2021（9）：

22–23.

[30] 刘媛媛.高职院校跨境电子商务人才培养模式分析 [J]. 理财，2021（9）：96–97.

[31] 史亚辉，张蕾.产教融合模式的高职跨境电子商务人才培养 [J]. 商业文化，2021（14）：116–117.

[32] 郭婷.基于能力导向的高职跨境电商人才培养模式探析 [J]. 内蒙古煤炭经济，2021（9）：219–220.

[33] 张姣.产学研协同视角下跨境电子商务人才培养研究 [J]. 江西电力职业技术学院学报，2020（12）：98–99.

[34] 瞿畅.高职院校跨境电子商务人才培养探讨 [J]. 电子商务，2020（9）：73–74.

[35] 徐羚飒，聂登月.我国跨境电子商务人才培养模式探析 [J]. 营销界，2020（30）：64–65.

[36] 刘玉莹.跨境电子商务人才培养现状及对策研究 [J]. 大陆桥视野，2020（4）：62–64.

[37] 谢雪莲.跨境电子商务人才核心技能需求分析与培养对策 [J]. 电子商务，2020（3）：80–81.

[38] 蔡庆平，刘春艳，张冬青.跨境电子商务背景下的高校电子商务人才培养模式研究 [J]. 黑龙江教育（理论与实践），2020（1）：39–40.

[39] 王莉.高校跨境电子商务人才培养模式研究 [J]. 文化创新比较研究，2019（28）：125–126.

[40] 靖书博.跨境电子商务人才培养模式策略分析 [J]. 现代经济信息，2019（15）：352.

[41] 陆剑，陈荣华.产学研协同视角下跨境电子商务人才培养研究 [J]. 佳木斯职业学院学报，2018（12）：16–17.

[42] 古培红.电子商务的人才培养：以跨境电子商务为例 [J]. 湖北函授大学学报，2018（10）：26–27, 35.

[43] 刘亚杰.跨境电子商务人才培养路径研究与实践 [J]. 赤峰学院学报（自然

科学版），2017（18）：127–128.

[44] 高子清，张金萍．跨境电子商务人才校企行政协同培养模式的构建 [J]. 黑龙江高教研究，2017（5）：146–148.

[45] 李梦男．电子商务与经济高质量协调发展研究 [D]. 乌鲁木齐：新疆大学，2021.

[46] 李茂亿．跨境电子商务生态系统演化的动力机制研究 [D]. 哈尔滨：哈尔滨商业大学，2021.

[47] 王阳．跨境电商发展对国际贸易影响的研究 [D]. 泉州：华侨大学，2020.

[48] 王城颖．杭州跨境电子商务发展及对策研究 [D]. 杭州：中共浙江省委党校，2019.

[49] 尹思凝．中国跨境电商发展面临的风险及对策研究 [D]. 长春：吉林大学，2019.

[50] 张震．我国跨境电商平台发展路径研究 [D]. 济南：山东财经大学，2018.

[51] 邓娟娟．南宁跨境电子商务人才培养研究 [D]. 天津：天津大学，2018.

[52] 张冶塑．中国跨境电子商务发展影响因素的实证分析 [D]. 南京：东南大学，2018.

[53] 何江．跨境电商与跨境物流协同研究 [D]. 上海：上海工程技术大学，2018.

[54] 雷洋．高校跨境电子商务人才培养模式研究及政策建议 [D]. 呼和浩特：内蒙古工业大学，2017.

[55] 卢达华．跨境电子商务发展影响因素研究 [D]. 深圳：深圳大学，2017.

[56] 汤潇漫．中国跨境电子商务发展研究 [D]. 北京：对外经济贸易大学，2016.

[57] 万马健．我国跨境电商的商业模式创新研究 [D]. 杭州：浙江工商大学，2016.

[58] 邓志强．高职电子商务专业学生职业能力培养研究 [D]. 南昌：江西科技师范大学，2016.

[59] 闫新苗．我国跨境电商的现状及发展建议 [D]. 北京：对外经济贸易大学，2015.

[60] 王欢．中国跨境电子商务商业模式研究 [D]. 上海：华东理工大学，2016.

[61]　周柱龙.中国跨境电子商务发展影响因素研究[D].沈阳：辽宁大学，2015.

[62]　黄永稳.我国中小企业利用跨境电子商务研究[D].大连：东北财经大学，2015.

[63]　张佩.电子商务专业本科人才培养质量评价指标体系研究[D].合肥：合肥工业大学，2009.

[64]　林月娟.电子商务专业学生实践能力培养的混合式学习管理研究[D].广州：广州大学，2013.